*J'ai la passion de
comprendre les hommes.*

SARTRE

SARTRE

francis jeanson

© Éditions du Seuil 1955. Toute reproduction interdite, y compris par microfilm. ISBN 2-02-000029-6

écrivains de toujours/seuil

L'ŒUVRE de Sartre comporte à ce jour près de 50 volumes, auxquels il convient d'ajouter différents articles non encore rassemblés et quelques interviews d'une réelle importance. Entre *La Nausée* et la *Critique de la raison dialectique*, entre le scénario du film « Les jeux sont faits » et *Les Séquestrés d'Altona*, entre *Les Chemins de la liberté* et *Les Mots*, les différences ne tiennent pas seulement à l'évolution de la pensée sartrienne durant une période plus ou moins longue : elles procèdent aussi de son exceptionnelle aptitude à s'exprimer tour à tour sur les modes les plus divers.

Lisez pourtant, au hasard, deux ouvrages de Sartre : sans doute ne pourrez-vous manquer d'y reconnaître — si distants soient-ils, chronologiquement et formellement —, une même présence, une étroite parenté d'accent, de démarche, de ton... Une secrète unité hante cette diversité, et si je la désigne ici comme « secrète » c'est pour la distinguer d'emblée de certaines illusions d'unité qu'on se donne parfois à bon compte, en réduisant l'œuvre de Sartre à la simple « mise en œuvre » d'une théorie philosophique sur des registres divers. L'unité dont je veux parler est à la fois beaucoup plus présente et beaucoup moins facile à circonscrire, parce que c'est l'unité même d'une existence réelle, d'une expérience effective du monde, parce qu'il faut en retrouver le principe à ce niveau où une conscience singulière ne cesse d'alimenter et de soutenir de toute sa singularité son propre effort pour communiquer avec les autres consciences en s'universalisant.

Le lecteur trouvera une liste complète des ouvrages de Sartre aux dernières pages de ce livre. On se bornera ici à illustrer la diversité des préoccupations sartriennes en rappelant le détail des articles contenus dans les neuf volumes actuellement publiés de la série des *Situations* :

Situations I, 1947.
Sartoris par W. Faulkner. A propos de John Dos Passos et de « 1919 ». *La Conspiration* par Paul Nizan. Une idée fondamentale de la phénoménologie de Husserl : l'Intentionnalité. M. François Mauriac et la liberté. Vladimir Nabokov : *La Méprise*. Denis de Rougemont : *L'Amour et l'Occident*. A propos de *Le Bruit et la Fureur*. La temporalité chez Faulkner. M. Jean Giraudoux et la philosophie d'Aristote. A propos de *Choix des Élues*. Explication de *L'Étranger*. Aminadab ou du fantastique considéré comme un langage. Un nouveau mystique. Aller et retour. L'homme et les choses. *L'homme ligoté*. Notes sur le *Journal* de Jules Renard. La liberté cartérienne.

Situations II, 1948.
Présentation des « Temps Modernes ». La nationalisation de la littérature. Qu'est-ce que la littérature ?

Situations III, 1949.
La République du Silence. Paris sous l'occupation. Qu'est-ce qu'un collaborateur ? Fin de la guerre. Individualisme et conformisme aux États-Unis. Villes d'Amérique. New York, ville coloniale. Présentation. Matérialisme et Révolution : Le mythe révolutionnaire — La philosophie de la révolution. Orphée noir. La recherche de l'absolu. Les mobiles de Calder.

*UN THÉÂTRE
DE LA BÂTARDISE*

SARAH BERNHARDT
Direction A.M. JULIEN

PIERRE BRASSEUR

KEAN
ou
DÉSORDRE ET GÉNIE
d'ALEXANDRE DUMAS
Adaptation de
JEAN-PAUL SARTRE

C'EST SANS DOUTE par ses pièces de théâtre que Sartre est devenu véritablement « public ». Et c'est en effet la partie de son œuvre qui apparaît la plus facile d'accès. Il n'en résulte évidemment pas que ce soit la mieux comprise ; du moins est-elle plus familière à bon nombre d'esprits que les essais ou les ouvrages proprement philosophiques. Au surplus, elle a le mérite d'illustrer, de mettre en scène, la quasi-totalité des thèmes sartriens. On en dirait autant, bien sûr, de la partie romanesque de l'œuvre : mais celle-ci présente en revanche un inconvénient, qui est l'inachèvement des *Chemins de la liberté* (le 4ᵉ tome n'a point paru, à l'exception de deux fragments, et l'on peut craindre qu'il ne paraisse jamais). Si l'on ajoute que Sartre lui-même est plutôt mécontent de ce roman et que la préférence est en effet généralement accordée à son théâtre, parmi ceux qui ont pratiqué l'un et l'autre, il semblera plus indiqué de se situer sur ce dernier plan pour tenter de dégager le mouvement essentiel de la pensée sartrienne.

Par opposition à la tragédie comme au théâtre psychologique, Sartre a lui-même défini le genre théâtral qu'il considère comme le seul possible à notre époque : le « *théâtre de situations* ». « *S'il est vrai que l'homme est libre dans une situation donnée et qu'il se choisit libre dans une situation donnée et qu'il se choisit lui-même* dans *et par cette situation, alors il faut montrer au théâtre des situations simples et humaines et* des libertés qui se choisissent dans

7

ces situations... *Ce que le théâtre peut montrer de plus émouvant est* un caractère en train de se faire, *le moment du choix, de la libre décision qui engage une morale et toute une vie. Et comme il n'y a de théâtre que si l'on réalise l'unité de tous les spectateurs, il faut trouver des situations si générales qu'elles soient communes à tous. Nous avons nos problèmes : celui de la fin et des moyens, de la légitimité de la violence, celui des conséquences de l'action, celui des rapports de la personne et de la collectivité, de l'entreprise individuelle avec les constantes historiques, cent autres choses encore. Il me semble que la tâche du dramaturge est de choisir parmi ces situations limites celle qui exprime le mieux ses soucis et de la présenter au public comme la question qui se pose à* certaines *libertés.* »

Ce « théâtre de situations » est donc, corrélativement, un *théâtre de la liberté*. Et ce sont bien ces deux thèmes ou, si l'on préfère, ces deux faces d'un même thème : la liberté en situation, — que nous trouvons au cœur même de la première pièce de Sartre, *Les Mouches*, « drame en trois actes ».

Oreste, fils d'Agamemnon et de Clytemnestre, a une vingtaine d'années. Accompagné de son précepteur, il revient dans Argos, sa ville natale, d'où il a été chassé à l'âge de trois ans, — à la suite de l'assassinat d'Agamemnon par Egisthe, l'amant de Clytemnestre. De riches bourgeois d'Athènes l'ont recueilli, il a voyagé, il a lu tous les livres, on lui a montré « *en chaque circonstance comme c'est chose variable que les mœurs des hommes* ». Ainsi a-t-il appris à ne voir dans toute prétendue vérité qu'une opinion subjective ; bref, s'étant « *entraîné de bonne heure à l'ironie sceptique* », il a conquis ce bien précieux entre tous : « *la liberté d'esprit* ». Le voilà donc, comme le lui rappelle son précepteur, « *jeune, riche et beau, avisé comme un vieillard, affranchi de toutes les servitudes et de toutes les croyances, sans famille, sans patrie, sans religion, sans métier, libre pour tous les engagements et sachant qu'il ne faut jamais s'engager, un homme supérieur enfin...* »

Ce sort enviable, Oreste cependant ne paraît point s'en satisfaire. Il est là, devant le palais de son père, devant *son* palais, et ce qui le frappe tout d'abord c'est que précisément ce palais n'est pas le sien : il le voit pour la première fois. Plus généralement, il se rend compte qu'il n'a pas de souvenirs, que rien n'est à lui, qu'il n'est de nulle part et qu'enfin il n'est rien. «... *Tu m'as laissé la liberté de ces fils que le vent arrache aux toiles d'araignée et qui flottent à dix pieds du sol : je ne pèse pas plus qu'un fil et je vis en l'air... Je suis libre, Dieu merci. Ah ! comme je suis libre. Et quelle superbe absence que mon âme...* » « *J'existe à peine...* » *J'ai connu des amours de fantôme, hésitants et clairsemés comme des vapeurs : mais j'ignore les denses passions des vivants... Je vais de ville en ville, étranger aux autres et à moi-même, et les villes se referment derrière moi comme une eau tranquille...* »

De cette ville où il est né, Oreste se sent exclu : cette chaleur c'est la chaleur des autres, cette ombre fraîche qui va bientôt monter du sol c'est celle d'un soir d'Argos, c'est l'ombre d'un soir qui n'est pas le sien. Ainsi en vient-il à former le rêve d'entrer de force dans l'intimité de cette ville, d'y conquérir sa place, d'y devenir enfin « *homme parmi les hommes* » : « *Ah ! s'il était un acte, vois-tu, un acte qui me donnât droit de cité parmi eux ; si je pouvais m'emparer, fût-ce par un crime, de leurs mémoires, de leur terreur et de leurs espérances pour combler le vide de mon cœur, dussé-je tuer ma propre mère...* »

... « *Dussé-je tuer ma propre mère...* » Simple façon de parler, bien sûr : Oreste rêve un instant, puis décide de repartir : « *Vois si l'on pourra nous procurer des chevaux, et nous pousserons jusqu'à Sparte, où j'ai des amis.* » Il a compté sans Électre, sa sœur, qui va surgir à point nommé pour l'inciter à réaliser son rêve — dans le sens même de l'imprudente parole qui vient de lui échapper. Électre en effet a connu un sort très différent du sien : elle a grandi au palais même de son père, mais en y devenant la servante de sa mère et de l'usurpateur. Ainsi a-t-elle vécu dans la révolte et dans la haine. Depuis quinze ans, elle attend son frère, elle rêve du jour où il reviendra pour frapper les deux coupables et guérir les gens d'Argos. Car elle a compris qu'il y faudrait la violence : « *on ne peut vaincre le mal que par un autre mal* » ; et le fait est que les gens d'Argos ont grand besoin d'être guéris...

Les mouches, des millions de mouches, se sont abattues sur eux il y a quinze ans. Elles ont été envoyées par les Dieux, et symbolisent les remords qui pèsent sur la ville entière depuis qu'Égisthe en a tué le roi.

ORESTE. — ... *Est-ce qu'Égisthe se repent ?*

JUPITER. — *Égisthe ? J'en serais bien étonné. Mais qu'im-*

9

porte. *Toute une ville se repent pour lui. Ça se compte au poids, le repentir.*

Donc l'assassin règne, et règne sans remords. Mais son règne est précisément assis sur le remords des autres.

ORESTE. — ... *Je croyais les Dieux justes.*

JUPITER. — *Hé là ! N'incriminez pas les Dieux si vite. Faut-il donc toujours punir ? Valait-il pas mieux tourner ce tumulte au profit de l'ordre moral ?*

On rappellera ici que *Les Mouches* furent jouées pour la première fois sous l'occupation allemande : d'où les fréquentes allusions qu'elles contiennent, et qui étaient alors plus transparentes encore qu'aujourd'hui, à la politique du *mea culpa* dirigé mise en vigueur du côté de Vichy. « ... *Dans le moment où nous allions nous abandonner au remords, les gens de Vichy et les collaborateurs, en tentant de nous y pousser, nous retenaient. L'occupation, ce n'était pas seulement cette présence constante des vainqueurs dans nos villes : c'était aussi sur tous les murs, dans les journaux, cette immonde image qu'ils voulaient nous donner de nous-mêmes. Les collaborateurs commençaient par en appeler à notre bonne foi.* « *Nous sommes vaincus, disaient-ils, montrons-nous beaux joueurs : reconnaissons nos fautes.* » *Et, tout aussitôt après* : « *Convenons que le Français est léger, étourdi, vantard, égoïste, qu'il ne comprend rien aux nations étrangères, que la guerre a surpris notre pays en pleine décomposition.* » *Des affiches humoristiques ridiculisaient nos derniers espoirs. Devant tant de bassesse et de ruses si grossières, nous nous raidissions, nous avions envie d'être fiers de nous-mêmes.* [1] »

Oreste, bien entendu, n'est pas d'accord avec l'histoire des mouches. Mais, précisément parce qu'il n'est pas d'Argos, parce que son « *impertinente innocence* » (Jupiter dixit) le sépare des gens d'Argos « *comme un fossé profond* », il n'a pas les mêmes raisons que sa sœur d'en être révolté. Cependant, le rêve d'Électre est venu à la rencontre de son propre rêve, et celui-ci en a reçu une sorte de consistance, il n'est plus tout à fait un simple rêve mais déjà presque une volonté : « *Je veux mes souvenirs, mon sol, ma place au milieu des hommes d'Argos... Je veux tirer la ville autour de moi et m'y enrouler comme dans une couverture. Je ne m'en irai pas.* »

---

1. « Paris sous l'occupation » (*Situations III*).

Seulement, c'est un « *bon jeune homme* », et une « *belle âme* » ; son cœur est sans haine, il n'a « *jamais voulu que le Bien* », Zeus a « *défendu de verser le sang* »... Oreste donc supplie Zeus de lui manifester sa volonté, et... Jupiter [1] ne tarde pas à lui répondre : le signe est clair, Oreste doit se résigner et partir... Mais non : le signe est *trop* clair. Jupiter a gaffé.

Oreste. — *Alors... c'est ça le Bien ? Filer doux. Tout doux. Dire toujours « Pardon » et « Merci »... C'est ça ?* (Un temps.) *Le Bien. Leur Bien...*

Un instant de plus, rien qu'un instant et c'est fait ; il ne s'est rien produit mais tout a changé : le monde s'est réorganisé autour d'Oreste et dans ce monde il y a désormais *un chemin qui est le sien,* par lequel il lui faudra passer pour devenir un homme. Ce chemin « *descend vers la ville* », et la ville « *est à prendre* ». C'est le chemin d'un « *acte irréparable* », par lequel Oreste, prenant sur lui tous les remords de la ville, acquerra enfin droit de cité dans Argos.

Sitôt dit, sitôt fait. Oreste tue l'usurpateur, et sa propre mère par-dessus le marché, puis il s'en revient vers sa sœur, qui est à moitié morte d'horreur et qui ne le reconnaît point ; puis ils ont ensemble, avec Jupiter, un entretien au cours duquel Oreste revendique son acte avec fierté, cependant qu'Électre, le désavouant, se précipite dans le plus abject repentir. Après quoi Oreste s'adresse aux hommes d'Argos, qui le cherchaient justement pour le lapider, leur révèle qu'il vient de les libérer et, sur ces bonnes paroles, disparaît à jamais.

Si je résume ainsi les deux derniers actes des *Mouches,* c'est qu'il m'a paru instructif, avant tout examen plus détaillé, de mettre brutalement en rapport la première décision d'Oreste : celle d'accomplir un acte qui lui donnerait droit de cité dans Argos, et sa seconde décision : celle de quitter Argos pour toujours, une fois

---

1. Zeus, c'est le symbole du Bien, le principe moral absolu. Jupiter, c'est le patron de tous les Égisthes : c'est la contrainte exercée au nom du Bien, la religion du repentir, l'Église temporelle et ses « mômeries », l'ordre de la Nature comme justification de cet « ordre moral » dont se réclame toute tyrannie. Reste que le Bien lui-même dissimule et favorise, sous la fausse universalité d'une morale abstraite, le conformisme social et la résignation à l'ordre établi ; si Jupiter est le bras séculier, c'est la pure Loi de Zeus qui lui fournit les textes...

cet acte accompli. Que s'est-il donc passé dans l'intervalle ? Rien — sinon l'acte lui-même, et son commentaire par les intéressés. Examinons rapidement l'attitude adoptée par les plus importants d'entre eux.

A force d'avoir joué la comédie pour masquer aux hommes leur pouvoir, Égisthe n'est plus qu'une grande apparence vide et lasse de survivre. « ... *Qui suis-je, sinon la peur que les autres ont de moi ?* » Lorsqu'Oreste surgira devant lui, il ne cherchera pas à se défendre.

Quant à Jupiter, il n'est pas content du tout : le crime d'Égisthe lui avait été utile, mais il ne pourra tirer aucun profit de celui d'Oreste. « *Qu'ai-je à faire d'un meurtre sans remords, d'un meurtre insolent... Je hais les crimes de la génération nouvelle : ils sont ingrats et stériles comme l'ivraie.* » Et, comble du désagrément, Jupiter a perdu tout pouvoir sur Oreste : « *Quand une fois la liberté a explosé dans une âme d'homme, les Dieux ne peuvent plus rien contre cet homme-là... C'est aux autres hommes — à eux seuls — qu'il appartient de le laisser courir ou de l'étrangler.* » Il lui faut donc s'en remettre à Égisthe du soin d'étrangler Oreste ; mais nous avons vu qu'Égisthe a précisément perdu toute combativité...

Par la suite, le double meurtre ayant eu lieu, Jupiter se rabattra sur Électre, qui ne tardera point à se jeter dans ses bras — pour échapper à l'horreur que lui inspire un acte dont pourtant elle n'avait cessé de rêver. C'est qu'en effet elle se contentait d'en rêver : cela fait quinze ans qu'elle assouvit dans l'imaginaire son désir de vengeance et qu'elle vit de cette fiction ; elle s'est installée dans cette révolte passive, elle y a trouvé son équilibre. Elle a choisi de haïr dans l'impuissance, et de supporter sa situation misérable en y promenant cette haine rêveuse : « *Voleur !* dit-elle à son frère. *Je n'avais presque rien à moi, qu'un peu de calme et quelques rêves. Tu m'as tout pris, tu as volé une pauvresse.* » Électre souhaitait la mort du couple abhorré, mais elle ne la *voulait* pas vraiment : elle s'en était remise à quelqu'un, elle n'était plus qu'*attente* : du jour où son souhait se réaliserait, d'un autre qui agirait à sa place, de ce frère inconnu et qui peut-être ne reviendrait jamais. Et parce que sa raison de vivre avait cessé d'être la vengeance pour devenir l'espoir de cette vengeance, il fallait que son attente ne fût jamais comblée, que l'acte demeurât toujours en suspens dans le futur, que sa haine enfin pût viser indéfiniment son objet sans jamais l'atteindre. Au futur ce n'était que justice ; au passé, l' « *acte irréparable* » est devenu un « *crime* ». Et c'est en toute vérité qu'Électre pourra dire : « *J'ai rêvé ce crime* », et se reconnaître dans la description que lui propose Jupiter : « *Ces rêves sanglants qui te berçaient, ils avaient une espèce d'innocence : ils te masquaient ton esclavage, ils pansaient les blessures de ton orgueil. Mais tu n'as jamais songé à les réaliser... Tu n'as jamais voulu le mal : tu n'as voulu que ton propre malheur... Tu as joué au meurtre...* »

Contre la démission de sa sœur, contre son choix de la culpabilité, Oreste proclame bien haut qu'il assume pleinement la responsabilité de son acte. « *Je suis libre, Électre ; la liberté a fondu sur moi comme la foudre... J'ai fait mon acte... et cet acte était bon. Je le porterai sur mes épaules comme un passeur d'eau porte les voyageurs, je le ferai passer sur l'autre rive et j'en rendrai compte. Et plus il sera lourd à porter, plus je me réjouirai, car ma liberté, c'est lui.* » « *... Je suis libre. Par delà l'angoisse et les souvenirs. Libre. Et d'accord avec moi.* » « *Je ne suis pas un coupable, et tu ne saurais me faire expier ce que je ne reconnais pas pour un crime.* »

Aux yeux d'Oreste, Jupiter, roi des Dieux et de l'Univers, a cessé d'être le roi des hommes : créateur des hommes, et les créant libres, il n'en est plus le maître dès lors qu'ils ont pris conscience de leur liberté. « *... Tout à coup, la liberté a fondu sur moi et m'a transi, la nature a sauté en arrière... ; et il n'y a plus rien eu au ciel, ni Bien, ni Mal, ni personne pour me donner des ordres.* » Désormais Oreste est « condamné à la liberté » : « *seul comme un lépreux* », exilé de l'Être même (car l'Être c'est le Bien, et la liberté n'est que non-être), « *hors nature, contre nature* », ce « *fils dénaturé* » s'est privé de toute excuse et n'a plus d'autre recours qu'en soi. « *Mais je ne reviendrai pas sous ta loi ; je suis condamné à n'avoir d'autre loi que la mienne. Je ne reviendrai pas à ta nature : mille chemins y sont tracés qui conduisent vers toi, mais je ne peux suivre que mon chemin. Car je suis un homme, Jupiter, et chaque homme doit inventer son chemin.* »

Nous retrouverons fréquemment par la suite ce thème de l'*antiphysis* comme définition du règne humain : l'homme ne peut parvenir à lui-même qu'au prix de se conquérir sur la nature, de nier en soi toute nature, de s'affirmer sans cesse comme anti-naturel.

L'intérêt du dernier passage que nous avons cité réside par ailleurs dans la mise en scène, dès la première pièce de Sartre, de ce thème de *l'invention,* — corrélatif du précédent, bien entendu, mais plus centralement définitoire de l'ensemble de son œuvre théâtrale. Je rappelais, au début du présent chapitre, certaines remarques de Sartre sur le « théâtre de situations ». En voici de plus précises encore et qui bénéficieront maintenant de notre relecture des *Mouches,* tout en évoquant déjà de plus contraignantes situations que celle d'Oreste.

Le théâtre, autrefois, était de « caractères » : on faisait paraître sur la scène des personnages plus ou moins complexes, mais entiers, et la situation n'avait d'autre rôle que de mettre ces caractères aux prises, en montrant comment chacun d'eux était modifié par l'action des autres. J'ai montré ailleurs comment, depuis peu, d'importants changements s'étaient faits en ce domaine : plusieurs auteurs reviennent au théâtre de situations. Plus de caractères : les héros sont des libertés prises au piège, comme nous tous. Quelles sont les issues ? Chaque personnage ne sera rien que le choix d'une issue et ne vaudra pas plus que l'issue choisie... En un sens, chaque situation est une souricière, des murs partout : je m'exprimais mal, il n'y a pas d'issues à choisir. Une issue, ça s'invente. Et chacun, en inventant sa propre issue, s'invente soi-même. L'homme est à inventer chaque jour [1].

Retenons les expressions de « souricière », de « libertés prises au piège », joignons-y celles — que nous avons déjà rencontrées — de « libertés en situation » et de « condamnation à la liberté », et nous serons alors mieux préparés à ne pas nous méprendre lorsque nous verrons Sartre, comme il lui arrive souvent, faire dire à l'un de ses personnages qu'il est « fait comme un rat » ou que « les jeux sont faits ». Car cela signifiera seulement qu'il est parvenu en ce point critique où *il n'y a plus* d'issues, où il lui faut inventer *son* issue. Aussi longtemps qu'une conscience existe, elle existe en tant que liberté. Il ne s'agit pas d'espoir, et l'optimisme sartrien n'a certes rien de béat ni de passif : « *La vision lucide de la situation la plus sombre est déjà, par elle-même,* un acte d'optimisme : *elle implique en effet que cette situation est* pensable, *c'est-à-dire que*

---

1. « Qu'est-ce que la littérature » (*Situations II*).

nous n'y sommes pas égarés comme dans une forêt obscure et que nous pouvons au contraire nous en arracher au moins par l'esprit, la tenir sous notre regard, donc la dépasser déjà et prendre nos résolutions en face d'elle, même si ces résolutions sont désespérées. » Ce n'est à vrai dire ni de l'optimisme ni du pessimisme, c'est plutôt une sorte de *volontarisme* et qui se trouve magnifiquement ramassé dans cette autre formule de Sartre : « *Les hommes ne sont impuissants que lorsqu'ils admettent qu'ils le sont.* »

Oreste, cependant, nous parle de son « *désespoir* » : que faut-il entendre par là ? C'est avant tout, évidemment, la conséquence de cette sorte de sevrage brutal, d'arrachement quasi-instantané à la Nature, à l'Être et au Bien ; c'est la rançon d'une aussi soudaine rupture avec sa jeunesse. Au moment même où il prenait sa décision, Oreste confiait déjà à sa sœur : « *Comme tu es loin de moi, tout à coup..., comme tout est changé ! Il y avait autour de moi quelque chose de vivant et de chaud. Quelque chose qui vient de mourir. Comme tout est vide... Ah ! quel vide immense, à perte de vue... Mais qu'est-ce donc... qu'est-ce donc qui vient de mourir... Laisse-moi dire adieu à ma jeunesse...* » Après avoir accompli son acte, il dit à Jupiter : « *Hier, j'étais près d'Électre ; toute ta nature se pressait autour de moi ; elle chantait ton Bien, la sirène, et me prodiguait les conseils. Pour m'inciter à la douceur, le jour brûlant s'adoucissait comme un regard se voile ; pour me prêcher l'oubli des offenses, le ciel s'était fait suave comme un pardon. Ma jeunesse, obéissant à tes ordres, s'était levée, elle se tenait devant mon regard, suppliante comme une fiancée qu'on va délaisser : je voyais ma jeunesse pour la dernière fois. Mais, tout à coup, la liberté a fondu sur moi et m'a transi, la nature a sauté en arrière, et je n'ai plus eu d'âge et je me suis senti tout seul, au milieu de ton petit monde bénin, comme quelqu'un qui a perdu son ombre...* » Et enfin : « *... Le destin que je porte est trop lourd pour ma jeunesse, il l'a brisée.* »

Le désespoir est dans cet « *exil* » hors de la Totalité enveloppante et protectrice, dans cette insaisissable distance soudainement introduite entre soi-même et soi : un rien sépare maintenant Oreste de lui-même, mais ce rien c'est sa liberté — et c'est ainsi, corrélativement, le Monde auquel il vient de s'arracher, puisque sa liberté ne pourra désormais s'accomplir qu'en l'assumant, puisqu'il ne pourra rejoindre son être, se rejoindre à soi, qu'en s'appropriant l'être même du Monde. C'est ce qu'il tente d'expliquer à Électre lorsqu'il la voit sur le point de s'abandonner à la loi de Jupiter :

ORESTE. — ... *Tu me donneras la main et nous irons...*
ÉLECTRE. — *Où ?*
ORESTE. — *Je ne sais pas ; vers nous-mêmes. De l'autre côté des fleuves et des montagnes il y a un Oreste et une Électre qui nous attendent. Il faudra les chercher patiemment.*

D'une certaine manière, nous tenons ici une préfiguration de toute l'œuvre de Sartre, qu'on pourrait assez valablement présenter, en effet, sous le signe du passage de la jeunesse à l'âge adulte, de l'état d'innocence et de chaude intimité avec le monde à l'angoissante déréliction de l'homme responsable, engagé dans le monde et cependant séparé de soi par toute l'épaisseur du monde.

Cet âge adulte, c'est « *l'âge d'homme* » auquel Hœderer, dans *Les Mains sales*, voudra faire accéder Hugo.

Mathieu lui aussi, dans *Les Chemins de la liberté*, accomplira *son acte* : il engagera sa liberté, il échappera — *in extremis* — à cette sorte de malédiction qui en faisait une liberté « pour rien », une liberté « en l'air », glissant indéfiniment à la surface du monde sans pouvoir le pénétrer ni même le marquer. Juin 40, c'est la guerre, Mathieu est dans le clocher d'une église et les Allemands viennent d'entrer dans le village ; tout espoir est perdu, Mathieu et ses compagnons n'ont plus qu'à se rendre ; mais ils ne se rendent pas et commencent à tirer. « *Mathieu regardait son mort et riait. Pendant des années, il avait tenté d'agir en vain : on lui volait ses actes à mesure ; il comptait pour du beurre. Mais ce coup-ci, on ne lui avait rien volé du tout. Il avait appuyé sur la gâchette et, pour une fois, quelque chose était arrivé. Quelque chose de définitif, pensa-t-il en riant de plus belle... Son mort, son œuvre, la trace de son passage sur la terre.* » Au bout d'un moment, tous les copains sont morts, et Mathieu se fait à lui-même le pari d'aller jusqu'au bout de la quinzième minute. « *Il s'approcha du parapet et se mit à tirer debout. C'était une énorme revanche ; chaque coup de feu le vengeait d'un ancien scrupule. Un coup sur Lola que je n'ai pas osé voler, un coup sur Marcelle que j'aurais dû plaquer, un coup sur Odette que je n'ai pas voulu baiser. Celui-ci pour les livres que je n'ai pas osé écrire, celui-là pour les voyages que je me suis*

refusés, cet autre sur tous les types, en bloc, que j'avais
envie de détester et que j'ai essayé de comprendre. Il tirait,
les lois volaient en l'air, tu aimeras ton prochain comme
toi-même, pan dans cette gueule de con, tu ne tueras point,
pan sur le faux jeton d'en face. Il tirait sur l'homme, sur
la Vertu, sur le Monde : la Liberté, c'est la Terreur ; le
feu brûlait dans la mairie, brûlait dans sa tête : les balles
sifflaient, libre comme l'air, le monde sautera, moi avec,
il tira, il regarda sa montre : quatorze minutes trente secondes;
il n'avait plus rien à demander sauf un délai d'une demi-
minute, juste le temps de tirer sur le bel officier si fier qui
courait vers l'église ; il tira sur le bel officier, sur toute la
Beauté de la Terre, sur la rue, sur les fleurs, sur les jardins,
sur tout ce qu'il avait aimé. La Beauté fit un plongeon
obscène et Mathieu tira encore. Il tira : il était pur, il était
tout-puissant, il était libre.

Quinze minutes. »

Tout comme Oreste, Mathieu, avant que la guerre ne
vînt l'affronter à des situations-limites, avait passé son
temps à refuser de s'engager par crainte d'aliéner sa
liberté. Il se condamnait à l'inexistence : « ... *Tout ce que*
je fais, je le fais pour rien ; on dirait qu'on me vole les suites
de mes actes, tout se passe comme si je pouvais toujours
reprendre mes coups. Je ne sais pas ce que je donnerais pour
faire un acte irrémédiable. » Ainsi était-il parvenu tout douce-
ment à « *l'âge de raison* », qui n'est point l'âge d'homme mais
la sournoise liquidation de la jeunesse, son insaisissable glissement dans la mort vivante, dans le consentement à l'é-
chec : « ... *Cette vie lui était donnée pour rien, il n'était rien et*
cependant il ne changerait plus : il était fait... Il bâilla : il
avait fini sa journée, il en avait fini avec sa jeunesse. Déjà
des morales éprouvées lui proposaient discrètement leurs
services : il y avait l'épicurisme désabusé, l'indulgence sou-
riante, la résignation, l'esprit de sérieux, le stoïcisme, tout
ce qui permet de déguster minute par minute, en connaisseur,
une vie ratée. Il ôta son veston, il se mit à dénouer sa cravate.
Il se répétait en bâillant : « C'est vrai, c'est tout de même
vrai : j'ai l'âge de raison. »

Mais quand Mathieu décidera de tenir quinze minutes
en haut de son clocher, ses actes seront des actes désespérés,
car il n'aura pas une chance sur mille de survivre à cette
aventure. Tel n'est point le cas d'Oreste. Au moment
d'accomplir son acte, il n'est pas affronté à la mort ;

et il n'est pas davantage marqué déjà par le jugement des autres, comme Daniel le pédéraste au moment d'épouser Marcelle. Oreste n'était personne, il était libre pour rien, d'une liberté-fantôme : il entreprend librement de faire exister sa liberté, de l'incarner, en s'engageant sans recours dans le monde des hommes. Or, il nous l'a dit et redit, il veut devenir « *un homme parmi les hommes* », il veut acquérir « *droit de cité* » dans Argos. D'où vient, dès lors, sa décision finale de quitter la ville à jamais ? Il faut observer ici qu'Oreste nous donne tour à tour deux versions de son acte : tantôt il l'a accompli pour donner consistance à sa liberté, pour être libre, pour se sentir exister, et tantôt pour libérer Argos de son tyran et de ses mouches.

C'est cette seconde version qu'il propose à Égisthe entre deux coups d'épée : « *Il est juste de t'écraser, immonde coquin, et de ruiner ton empire sur les gens d'Argos, il est juste de leur rendre le sentiment de leur dignité.* » Après son double meurtre, il va se réfugier dans le sanctuaire d'Apollon, en disant à Électre : « *Demain je parlerai à mon peuple.* » Au cours de sa discussion avec Jupiter, il déclare : « *Peut-être... ai-je sauvé ma ville natale.* » Puis, un peu après : « *Les hommes d'Argos sont mes hommes. Il faut que je leur ouvre les yeux.* » Et pour finir, s'adressant directement à eux : « *... O mes hommes, je vous aime, et c'est pour vous que j'ai tué. Pour vous.* » A s'en tenir à ces quelques déclarations, il faudrait comprendre qu'Oreste avait pour essentielle préoccupation d'apporter à ces homme la liberté (à la fois objective et subjective), en les délivrant tout ensemble du tyran de fait et de cette tyrannie « morale » qu'ils avaient laissée s'installer en eux contre eux-mêmes. Le meurtre d'Égisthe agirait donc simultanément sur la situation politique : la cité est libre pour se donner un nouveau chef, et au niveau des consciences : chaque citoyen retrouve le sentiment de sa dignité d'homme. En fait, il est clair que les deux plans sont liés et que la situation politique n'aurait été que fictivement modifiée si les hommes d'Argos n'accédaient pas à cette prise de conscience radicale dont se préoccupe Oreste lorsqu'il parle de leur *ouvrir les yeux*. Malheureusement, tout tend à indiquer qu'ils n'y accèdent pas et qu'ils ne sont aucunement sur le point d'y accéder : c'est encore sous les espèces de « *la foule* » qu'ils se présentent dans la scène finale, et cette foule est bien celle qui le matin même prenait parti, avec la même violence irraisonnée, tantôt contre Électre la sacrilège, tantôt contre Égisthe le menteur, et de nouveau, quelques instants plus tard, contre Électre la sorcière. La voici donc en face d'Oreste, réfugié dans le sanctuaire d'Apollon :

CRIS DANS LA FOULE. — *A mort ! A mort ! Lapidez-le ! Déchirez-le ! A mort !*

ORESTE, sans les entendre. — *Le soleil !*

LA FOULE. — *Sacrilège ! Assassin ! Boucher ! On t'écartèlera. On versera du plomb fondu dans tes blessures.*

UNE FEMME. — *Je t'arracherai les yeux.*

UN HOMME. — *Je te mangerai le foie.*

ORESTE, qui s'est dressé. — *Vous voilà donc, mes sujets très fidèles ? Je suis Oreste, votre roi, le fils d'Agamemnon, et ce jour est le jour de mon couronnement.*

La foule gronde, décontenancée.

Vous ne criez plus ? (La foule se tait...)

Telle est cette foule, à laquelle Oreste va dire, le plus sérieusement du monde : « *Adieu, mes hommes, tentez de vivre : tout est neuf ici, tout est à commencer.* » A vrai dire, c'est en lui seulement que tout est neuf, c'est pour lui seul que la vie commence (« *Pour moi aussi, la vie commence...* ») ; et c'est bien pourquoi il précise aussitôt qu'il ne s'agit pas de la même vie : « *une étrange vie* »... Tout se passe en somme comme si Oreste éprouvait à la fois le besoin de faire échapper son propre destin au sort commun, de n'agir qu'en fonction de soi, et celui de justifier ses actes par le souci du salut collectif. Mais, quoi qu'il prétende, il ne saurait jouer vraiment sur les deux tableaux à la fois. Il n'ignore pas, il ne peut pas ignorer que ses deux systèmes d'interprétation sont violemment incompatibles : il s'est choisi injustifiable, et sa décision de partir lui confirmerait assez, s'il en doutait encore, le caractère exclusivement personnel de son engagement. Mais il ne peut davantage se dissimuler que sa liberté n'a pas de sens pour les hommes d'Argos, qu'elle ne les concerne pas réellement, et qu'ils ne sont, en face d'elle, que de passagères occasions pour ses exercices spirituels. Se souciait-il du sort d'Argos, ou du sien propre, cet Oreste qui parlait si spontanément le langage du viol : « *Viens,*

Électre, regarde notre ville. Elle est là, rouge sous le soleil, bourdonnante d'hommes et de mouches, dans l'engourdissement têtu d'un après-midi d'été ; elle me repousse de tous ses murs, de tous ses toits, de toutes ses portes closes. Et pourtant elle est à prendre, je le sens depuis ce matin. Et toi aussi, Électre, tu es à prendre. Je vous prendrai. Je deviendrai hache et je fendrai en deux ces murailles obstinées, j'ouvrirai le ventre de ces maisons bigotes... je deviendrai cognée et je m'enfoncerai dans le cœur de cette ville comme la cognée dans le cœur d'un chêne. »

Au fond, il les méprise un peu, ces gens d'Argos. Voyez de quelle souveraine distraction il use à leur égard, lui qui n'a cessé de répéter que nul ne se libère s'il n'accomplit *son* acte, s'il n'invente *son* chemin, et qui s'oubliera finalement jusqu'à prétendre les avoir libérés à leur place, jusqu'à se féliciter d'avoir agi pour eux... Oui, le seigneur Oreste est un peu désinvolte. Mais sans doute est-il, en même temps, profondément sincère : dans la situation qui était la sienne au départ, il est allé jusqu'au bout de lui-même. Et cette situation en a reçu un sens nouveau puisqu'une liberté qui était en l'air et comme nulle est parvenue à s'y incarner, à y prendre corps, à y conquérir son poids d'existence. Seulement ce n'est que pour lui qu'elle en est devenue plus vraie : par rapport aux autres, aux gens d'Argos, elle n'a pas cessé d'être en porte-à-faux. Le langage d'Oreste n'est pas le leur, leurs problèmes ne sont pas les siens. Il y a entre eux cette distance, insaisissable et radicale, qui sépare l'engagé volontaire du mobilisé, l'homme qui décide librement d'entrer dans le bain et celui qui s'y trouvait déjà en naissant. Ce chemin qui descendait vers la ville, ce n'était qu'une ruse : Oreste n'est entré dans Argos que pour en ressortir, il a d'emblée admis que son chemin ne pouvait être un des chemins d'Argos. « *Hier encore, je marchais au hasard sur la terre, et des milliers de chemins fuyaient sous mes pas, car ils appartenaient à d'autres. Je les ai tous empruntés, celui des haleurs, qui court au long de la rivière, et le sentier du muletier et la route pavée des conducteurs de chars ; mais aucun n'était à moi. Aujourd'hui, il n'y en a plus qu'un, et Dieu sait où il mène : mais c'est* mon *chemin.* » Comme on sent bien, en tout cas, que ce ne sera ni le chemin d'un haleur, ni celui d'un muletier, ni celui d'un conducteur de chars... Ce ne sera même pas celui d'un

roi : Oreste veut bien engager sa liberté, mais il répugne
à tout engagement qui le situerait par rapport aux autres
hommes et de quelque manière le ferait dépendre d'eux
dans l'exercice même de sa liberté. « *Je veux être un roi
sans terre et sans sujets.* »

Il enviait ces hommes « *qui naissent engagés* », qui vont
« *quelque part* » ; mais *son* chemin, il le voudra parfaitement indéterminé : « *Dieu sait où il mène...* » Peut-on dire
qu'il a triché ? Non : mais sa situation était d'emblée
truquée. N'étant pas né engagé, il souffre en lui-même,
au contact des autres hommes, d'un certain manque de
consistance et de réalité. Ce qu'il leur envie, ce n'est pas
leur situation, c'est seulement l'espèce de chaleur et de
densité qu'elle leur confère. Et comme la forme idéale
de la liberté demeure pour lui l'indépendance, il cherchera
à s'emparer de leur réalité sans avoir à subir les inconvé-
nients de leur situation. Sincèrement persuadé de vouloir
être l'un d'entre eux, il ne visera en fait qu'à se sentir
exister par leur intermédiaire. Dans ces conditions,
son comportement à leur égard versera tout entier dans
le *magique.* Nous avons déjà vu qu'Oreste prétend libérer
les hommes d'Argos en leur donnant en spectacle sa
propre libération : son acte doit leur ouvrir les yeux. En
apparence, un tel espoir n'a rien de déraisonnable. Mais
il faut voir qu'il se fonde sur une conception *épidémique*
de la prise de conscience : nous sommes en pleine magie,
au niveau de la classique morale des grands exemples, de
la *contagion par l'exemple.* Cette morale a fait ses preuves :
elle n'a jamais eu pour résultat que de paralyser les uns
par le sentiment de la distance qu'ils ont à franchir pour
s'égaler à leur modèle, et de dévoyer les autres en leur
proposant l'imitation de héros dont la situation et les
problèmes sont sans rapport avec les leurs. Son seul
tort, en dernière analyse, est de méconnaître que les vertus
et les valeurs ne sont pas des états d'âme ou des maladies
infectieuses, qu'on ne les attrape pas comme un fou-rire,
une grippe ou les oreillons, qu'on ne peut pas refiler
sa liberté à quelqu'un comme on lui collerait « le cafard »,
et qu'enfin la prise de conscience elle-même, par quoi
s'inaugure toute opération morale, est le fruit d'un
travail qui doit s'accomplir patiemment dans l'histoire,
dans le relatif, à coups d'actes incertains et tâtonnants,
dont aucun n'est vraiment bon, aucun vraiment mauvais,

mais qui tous ensemble, peu à peu, dévoilent et inventent à la fois une certaine image de l'homme.

De ce travail, Oreste n'a cure. Et s'il pense au contraire libérer les hommes en les fascinant par le spectacle de sa propre et solitaire entreprise, c'est qu'à vrai dire il a besoin, lui, d'être vu par eux pour se sentir exister. Si aristocratique que soit sa liberté, encore exige-t-elle le regard des autres pour s'assurer d'être. Mais entendons bien qu'il importe peu que les autres la saisissent *en tant que liberté* : ce qui compte c'est qu'elle soit saisie, constituée en être du monde, brutalement pourvue d'un dehors, objectivée, rendue compacte, *faite chair* enfin, — fût-ce par l'effroi et la haine qu'elle suscite dans des yeux de chair. Oreste *sait* qu'il est libre et n'accepte, pour en juger, d'autres critères que les siens : mais il a besoin de *ressentir* sa liberté, de l'éprouver comme une passion.« *J'ignore*, disait-il, *les denses passions des vivants* » : ce sont elles qu'il va tenter d'attirer en lui, magiquement, c'est par elles qu'il va tenter de se faire posséder ; mais il faudra que ce soit en continuant d'échapper au sort commun des hommes. Se servant d'eux pour se sentir exister, il n'en refusera pas moins d'exister *par rapport à eux*. Le pouvoir que très provisoirement il leur accordera sur lui, ce sera un pouvoir malgré eux, vrai pouvoir pour lui puisqu'il produira l'effet qu'il en attend, mais pour eux faux pouvoir, puisque l'initiative et le contrôle leur en auront été d'emblée confisqués. Leur regard aura vertu constituante, mais ce sera une « virtus » entièrement mystifiée, une puissance prise au piège et dont ils seront dépossédés dans le temps même où ils l'exerceront.

Le piège, évidemment, c'est l'acte. En accomplissant son double meurtre, Oreste viole Argos et se met lui-même en situation d'être violé par le regard des gens d'Argos. Il les fascine horriblement, et il jouit de les fasciner. « *Je sais : je vous fais peur... Vous me regardez, gens d'Argos, vous avez compris que mon crime est bien à moi ; je le revendique à la face du soleil, il est ma raison de vivre et mon orgueil, vous ne pouvez ni me châtier, ni me plaindre, et c'est pourquoi je vous fais peur...* » Il s'expose, il s'exhibe, il provoque leur violence et se fait un peu bousculer par eux, mais en se prouvant qu'il reste maître de la situation. <u>Tout le piège est là</u> : les violer pour les séduire à ce viol en retour, et posséder ainsi leur vie, leur chaleur humaine, en se donnant l'illusion d'être possédé par eux. Car il ne peut s'agir que d'une illusion : ce que vise Oreste, c'est le sentiment d'être violé, joint à la conscience de demeurer vierge. De fait, il ne court aucun risque : il est frigide. Et c'est froidement qu'il prend congé de « ses » hommes, en conclusion de cette fête qu'il vient de s'offrir. Ici l'acte d'Oreste, *acte* pour lui seul, s'achève en représentation et révèle son être-pour-autrui : un pur *geste*, doublement théâtral, — par son allure spectaculaire et par le choix que fait Oreste d'y jouer le rôle d'un héros déjà entré dans la légende.

Écoutez encore ceci : un été, Scyros fut infestée par les rats. C'était une horrible lèpre, ils rongeaient tout ; les habitants de la ville crurent en mourir. Mais, un jour, vint un joueur de flûte. Il se dressa au cœur de la ville — comme ceci. (Il se met debout.) *Il se mit à jouer de la flûte et tous les rats vinrent se presser autour de lui. Puis il se mit en marche à longues enjambées, comme ceci* (il descend du piédestal), *en criant aux gens de Scyros : « Écartez-vous ! »* (La foule s'écarte.) *Et tous les rats dressèrent la tête en hésitant — comme font les mouches. Regardez ! Regardez les mouches ! Et puis tout d'un coup ils se précipitèrent sur ses traces. Et le joueur de flûte avec ses rats disparut pour toujours. Comme ceci.* (Il sort ; les Érinnyes se jettent en hurlant derrière lui.)

Dans cette apothéose, Oreste se fait saisir tout vif par une humanité mythique : en un instant, il se change en mythe pour échapper aux hommes réels, et c'est l'instant même où il attire et résume en lui, magiquement, toute leur réalité. Contre la patience du travail, il a choisi l'exaltation de la fête et l'absurde générosité qui se consume dans l'absolu, immédiatement, pour n'avoir pas à s'exercer dans le relatif, à se compromettre en recourant à des moyens. La fin humaine qu'il prétendait poursuivre, il a préféré l'atteindre d'emblée dans l'imaginaire, s'en donner d'un seul coup l'équivalent symbolique, la vivre enfin comme un orgasme et, s'étant fait foudroyer de la sorte, compter sur l'indéfini retentissement en lui de ce choc pour se sentir exister, pour s'éprouver réel, tout au long de son solitaire et somptueux accomplissement de soi.

J'espère pouvoir le montrer mieux par la suite, mais le lecteur s'en sera déjà rendu compte : si peu qu'on interroge l'attitude d'Oreste dans *Les Mouches*, c'est la totalité des problèmes sartriens qu'on voit aussitôt surgir, au point que l'œuvre de Sartre dans son ensemble pourrait sans trop d'exagération être considérée comme le commentaire, la critique et le dépassement de la conception de la liberté que propose cette pièce. Puisque nous avons convenu de nous en tenir provisoirement à la part théâtrale de l'œuvre, ce sont les pièces ultérieures que nous allons maintenant examiner — et de façon beaucoup plus rapide — en les situant par rapport aux problèmes que nous a posés notre relecture des *Mouches*. Ainsi serons-nous conduits à repérer, sous la succession chronologique des diverses pièces de Sartre, une sorte de trajectoire thématique — dont nous n'aurons guère le moyen, au niveau du théâtre lui-même, de décider s'il s'agit simplement d'un ordre d'exposition des thèmes, ou d'une évolution effective de la pensée. Du moins tout se passe-t-il comme si, ayant posé dans *Les Mouches* l'affirmation première d'une liberté radicale, qui à la fois s'incarnerait dans un acte et resterait inconditionnée, Sartre se préoccupait, dans les trois pièces suivantes (*Huis-Clos, Morts sans sépulture, La Putain respectueuse*), d'en contester les possibilités de réalisation dans le monde par la mise en scène des divers types d'échecs que cette liberté, en chaque homme retournée contre soi, ne cesse de s'infliger à elle-même et de provoquer chez autrui. Pour reprendre les termes proposés par Sartre dans *L'être et le néant*, la liberté d'Oreste est une liberté *pour soi*, et qui considère comme inessentielle son existence

24

pour autrui. L'incarnation de la liberté dans *Les Mouches* demeure ainsi au niveau de la simple intention de s'incarner : l'acte s'y change en geste et son auteur en « acteur », selon la logique même d'une attitude qui tend à figer les autres hommes en purs spectateurs. Autrement dit, la liberté n'est pas parvenue à s'insérer dans le monde, par suite d'une méconnaissance des conditions concrètes de l'action et des structures réelles du milieu interhumain : c'est ce milieu, où la liberté ne s'emploie qu'à sa propre négation, qui va maintenant nous être décrit. Après quoi, la liberté sera de nouveau mise en scène dans son effort pour s'affirmer : mais elle s'affirmera cette fois en pleine connaissance de cause, dans *Les Mains sales* et, de façon encore plus explicite, dans *Le Diable et le bon Dieu*. Nous pourrons alors, en abordant *Kean*, y découvrir l'expression-limite d'une déchirure inscrite déjà dans la situation même d'Oreste et d'où procède peut-être, d'un bout à l'autre de l'œuvre de Sartre, sa tension la plus personnelle, la plus intimement *sartrienne*.

L'action de *Huis-Clos* se déroule en enfer, et c'est un enfer aussi économiquement conçu que le système employé par Égisthe pour maintenir l'ordre dans Argos. Les tortures qu'y subissent les damnés ne requièrent en effet ni personnel spécialisé ni aucun des instruments ou appareils classiquement utilisés par les bourreaux : rien qu'un salon Second Empire (trois canapés, un bronze sur la cheminée) et ce sont les clients qui feront le service eux-

mêmes, dès qu'un simple valet de chambre les aura intro-
duits — et laissés, pour l'éternité, en présence les uns
des autres. Condamnés à cette coexistence sans fin, Garcin,
Estelle et Inès vont ainsi se torturer circulairement, chacun
d'eux se faisant à la fois bourreau et victime dans une sorte
de cycle proprement infernal.

Telle est cette situation, résumée par la fameuse formule « *l'enfer c'est les autres* », où tant de critiques ont
voulu voir le fin mot des perspectives sartriennes sur les
rapports interhumains. Efforçons-nous d'y mettre moins
de hâte. A s'en tenir à la lettre des indications qui nous
sont fournies, les trois personnages sont *morts* : cependant
ils vivent, puisqu'ils parlent et qu'ils éprouvent des sentiments. Et l'on sait bien que Sartre ne croit ni à l'enfer ni
à aucune espèce de survie personnelle : il s'agit donc d'une
transposition mythique, qui exige d'être interprétée.

On remarquera en premier lieu que tous les caractères
par quoi se définit pour eux le fait d' « être morts », d'être
« en enfer », sont directement applicables à cette *mort
vivante* à quoi se condamnent les hommes lorsqu'ils
renient leur propre liberté et s'efforcent de nier celle
de leurs semblables. Les personnages de *Huis-Clos* se
sont coupés du monde humain et livrés sans recours au
jugement des autres libertés, dans la mesure même où
leur propre liberté ne les a jamais reconnues comme telles.
N'ayant jamais affronté la conscience d'autrui en tant
que libre conscience, chacun d'eux se trouve radicalement
démuni devant le regard que les autres portent sur lui :
les autres, c'est-à-dire à la fois ceux qui sont restés « là-
bas » et ceux qui sont ici, avec lui, enfermés pour toujours
dans un salon Second Empire. Il y a les copains de Garcin,
ses camarades de combat, qui « sur terre » parlent de
lui, disent « Garcin le lâche » ; et puis il y a Inès qui est là,
et c'est son regard désormais qui décidera :

*Tu es un lâche, Garcin, un lâche parce que je le veux. Je le
veux, tu entends, je le veux ! Et pourtant, vois comme je suis
faible, un souffle ; je ne suis rien que ce regard qui te voit,
que cette pensée incolore qui te pense.* (Il marche sur elle,
les mains ouvertes.) *Ha ! Elles s'ouvrent ces grosses mains
d'homme. Mais qu'espères-tu ? On n'attrape pas les pensées
avec les mains. Allons, tu n'as pas le choix : il faut me convaincre. Je te tiens.*

Ces quelques mots d'Inès évoquent certaines expressions employées par Sartre dans *L'être et le néant* : « *autrui a barre sur moi* », « *ma chute originelle c'est l'existence de l'autre* », « *le conflit est le sens originel de l'être-pour-autrui* ». Et si l'on rapproche ces formules de celle que nous avons déjà rappelée, sans doute apparaît-il suffisamment que l'enfer de *Huis-Clos* — à un certain niveau d'interprétation — est un enfer en pleine vie, qu'il est inscrit dans la condition humaine comme sa façon « naturelle » d'être vécue.

De cette « *attitude d'échec* », *L'être et le néant* constitue à la fois la description et la dénonciation. Mais pour qu'elle puisse être effectivement dépassée, et que soit ainsi brisé le cercle originel, il faut des situations réelles, il faut un monde sur le fond duquel ces situations donnent lieu à des entreprises concrètes, il faut que chaque conscience ait une dimension historique et qu'elle puisse projeter un avenir en référence à cette dimension. Les personnages de *Huis-Clos* sont précisément, à cet égard, dans une situation *morte*, sans aucune ressource sur le plan de l'action. Nous avons tout d'abord interprété cette situation morte comme étant celle de morts vivants, que leur refus d'affronter les conditions réelles de l'existence condamne à tourner en rond désespérément, en se faisant les uns aux autres le plus de mal possible. Ce pourrait être, par exemple, la situation des membres d'une classe historiquement en voie de liquidation, lorsqu'ils prétendent ne pas tenir compte des exigences et des valeurs mises au jour par la classe montante. De telles consciences sont à la fois dans le monde et hors du monde, vivantes et mortes, libertés pour elles-mêmes mais objets ballottés, emportés par cette histoire qu'elles ignorent et qui le leur rend bien. D'autres consciences parlent d'elles, mais c'est pour les étiqueter, les « classer », régler leur compte en leur absence, — tout juste comme font à propos de Garcin ses anciens camarades demeurés « sur terre ».

La situation morte décrite dans *Huis-Clos* n'est donc pas nécessairement la mort proprement dite. Mais ne se pourrait-il, malgré tout, qu'elle le fût aussi ? Là encore, nous retrouverions certaines analyses de *L'être et le néant* : « *La vie morte ne cesse pas pour cela de changer et, pourtant, elle est faite. Cela signifie que, pour elle, les jeux sont faits et qu'elle subira désormais ses changements sans en être aucunement responsable... Rien ne peut plus lui* arriver *de l'intérieur, elle est entièrement close, on n'y peut plus rien faire entrer ; mais son sens ne cesse point d'être modifié du dehors... Être mort, c'est être en proie aux vivants.* » Ces quelques citations, mises en rapport avec la pièce qui nous occupe, appellent cependant certaines remarques :

1° Être mort c'est n'être plus rien pour soi. C'est donc seulement du point de vue d'autrui-vivant que le mort est « en proie aux vivants » ; quant à lui, il n'est en proie à rien du tout.

2° En lisant l'expression « les jeux sont faits » il est difficile de ne pas se référer au scénario que Sartre a écrit sur ce thème, quelques années plus tard. Or la signification en est claire, et assez analogue à celle qu'on pourrait dégager d'un des plus beaux mythes platoniciens, le mythe d'Er le Pamphylien : rien ne sert de recommencer sa vie si l'on ne parvient pas à modifier son attitude. Et j'entends bien que chez Sartre le problème s'aggrave par la considération de la distance que crée entre deux individus l'appartenance à des classes en lutte l'une contre l'autre : il faudrait à Ève et à Pierre, dans les circonstances critiques où se situe le drame, une immense générosité pour franchir

ce fossé, et sans doute Pierre ne cesserait-il jamais d'accuser de trahison sa propre générosité ; leur relation est truquée dès l'origine, ils ont le sentiment d'être faits l'un pour l'autre mais, dans le monde où ils ont à vivre ce sentiment, tout est disposé pour qu'ils se manquent toujours. Reste que cette aggravation du problème confère d'autant plus de force à l'idée selon laquelle c'est déjà dans la vie même que — sous certaines conditions, indissolublement subjectives et objectives — « les jeux sont faits ».

3° On pourrait présenter la même remarque à propos de cette phrase de Malraux que Sartre a fréquemment citée : « la mort transforme la vie en destin ». La mort, bien sûr ; mais aussi une certaine façon de vivre la vie.

4° Relisons ces citations de *L'être et le néant* en mettant « la mort vivante » à la place de « la vie morte », « être un mort-vivant » à la place de « être mort », et nous aurons une description tout aussi valable, — compte tenu du fait qu'une conscience, bien qu'elle soit par sa structure même responsable de son être-pour-soi et de son être-pour-autrui, ne l'est pas réellement (pratiquement : ne l'est pas du tout) aussi longtemps qu'elle ne s'en est pas *rendue responsable*. C'est précisément dans cette mesure qu'elle est comme close, devenue objet pour les autres, accessible à la diversité de leurs interprétations mais parfaitement inchangeable pour soi. *Huis-Clos*, ne serait-ce pas le drame de tous ceux qui vivent une vie close, repliée sur soi, tout entière préoccupée de soi et retournée contre soi, une vie toujours sur la défensive à l'égard d'autrui et par là totalement *livrée* au regard d'autrui ?

Nous voici rejetés à notre première interprétation... Mais il en est une encore que nous n'avons point tentée et qui se tient en quelque sorte à la frontière même entre la vie et la mort. Il semble en effet parfaitement possible de voir dans *Huis-Clos* la mise en scène de cette menace de jugement suprême — l'équivalent, pour un athée, du « Jugement dernier » — que nos semblables ne cessent de faire peser sur nous [1] et qui effectivement s'abattra sur nous dès lors que nous ne pourrons plus, par de nouveaux actes, contribuer au sens de notre propre existence. D'autres que nous, alors, détiendront notre vie, nous n'en

---

1. ... « L'existence même de la *mort* nous aliène tout entier, dans notre propre vie, au profit d'autrui. » (*L'être et le néant*, p. 628).

pourrons plus rien faire nous-même et nous serons réduit au silence, même si nous pouvons encore parler, parce que nos paroles ne prouveront rien, parce qu'elles ne seront plus que de vaines protestations contre la réalité de nos actes antérieurs. De ce point de vue, l'enfer c'est le regard que porte sur soi, au nom des autres, celui qui sait qu'il va bientôt mourir : sans doute y a-t-il là un moment assez intense, et qui risque fort d'avoir valeur d'éternité [1].

Le rapport à autrui est évidemment primordial dans *Huis-Clos*. Mais il y figure de façon encore assez abstraite, car c'est seulement par la *conscience* d'autrui (au sens de regard) que chacun s'y trouve attaqué — *dans sa conscience*. Il n'en va point de même avec *Morts sans sépulture*, où intervient pour la première fois le thème de la contrainte physique, et sous sa forme la plus violente : celle de la torture. Situation-limite qui donnera lieu à un duel à mort, — dont l'enjeu ne sera plus le renseignement détenu

---

1. Entendons bien, toutefois, que ce qu'il y a d'infernal dans ce regard c'est qu'il ne parvient pas à déterminer le sens de la vie qui est en train de s'achever : la valeur finale des conduites passées y « *reste définitivement en suspens* ». La force de ce Jugement dernier c'est qu'il est impossible, et cette impossibilité n'est que la face objective de notre soudaine impuissance à *signifier* notre vie en la projetant vers un certain avenir, en l'engageant dans une entreprise définie.

Avec Michel Vitold
au cours d'une répétition
de Morts sans sépulture.

par les maquisards mais la preuve de leur prétendue lâcheté. Car les miliciens ont besoin que les maquisards soient des lâches pour justifier les tortures qu'ils ont entrepris de leur faire subir ; et les maquisards voudront tenir tête jusqu'au bout, pour se laver de la violence qui leur a été faite, pour proclamer leur humanité au sein même de cette condition animale à quoi les réduit chaque passage à la torture.

« *En certaines situations*, écrivait Sartre un an plus tôt, *il n'y a place que pour une alternative dont l'un des termes est la mort. Il faut faire en sorte que l'homme puisse, en toute circonstance, choisir la vie.* [1] »

Dans *La Putain respectueuse*, l'affrontement des consciences ne résulte pas de situations exceptionnelles, vécues de façon plus ou moins héroïque par des individualités poussées aux limites d'elles-mêmes, mais de structures collectives dont le nègre pourchassé et la jeune Lizzie sont à la fois les produits et les victimes. En un mot, l'action se situe pour la première fois dans la sphère du *social*.

De cette pièce, nous retiendrons surtout le thème de l'insidieuse mystification dont certaines consciences paralysent d'autres consciences, dès lors qu'elles détiennent un pouvoir matériel et des privilèges qui leur permettent de les opprimer jusque dans leur existence quotidienne. Menacé d'être lynché et brûlé vif, pour un crime qu'il n'a pas commis, par tous les blancs d'une ville du sud des États-Unis, le nègre refuse toutefois le revolver que lui tend Lizzie et le conseil qu'elle lui donne de leur faire au moins payer sa peau le plus cher possible :

LE NÈGRE. — *Je ne peux pas, madame.*

LIZZIE. — *Quoi ?*

LE NÈGRE. — *Je ne peux pas tirer sur des blancs.*

LIZZIE. — *Vraiment ! Ils vont se gêner, eux.*

LE NÈGRE. — *Ce sont des blancs, madame.*

LIZZIE. — *Et alors ? Parce qu'ils sont blancs, ils ont le droit de te saigner comme un cochon ?*

LE NÈGRE. — *Ce sont des blancs.*

---

1. « Présentation des *Temps Modernes* », octobre 1945 (*Situations* II).

Mais Lizzie elle-même, qui est pourtant une blanche, n'en est pas davantage capable : elle les respecte aussi, parce qu'elle n'est pas de leur rang, parce qu'elle n'a pas comme eux la morale avec elle :

LE NÈGRE. — *Pourquoi vous ne tirez pas, vous, madame ?*
LIZZIE. — *Je te dis que je suis une poire.*

Ainsi les Salauds — ceux qui se sont arrangés pour mettre le Bien et le Droit de leur côté, ceux dont l'existence est d'emblée fondée et justifiée — finissent-ils par former les autres à se sentir de trop dans ce monde, à n'y avoir aucun droit, à s'y trouver seulement tolérés, dans la mesure où ils y sont utilisables. Et le nègre et la prostituée finissent par se voir avec les yeux du puissant maître blanc. Déchirés, intoxiqués et pourris par un regard qui n'est pas le leur, ils sont devenus *pour eux-mêmes* ces êtres méprisables à quoi prétend les réduire le mépris du raciste ou du pharisien ...[1] Jusqu'au jour, bien entendu, où les opprimés, se découvrant solidaires les uns des autres, retrouvent dans la lutte contre les oppresseurs la fierté de leur conscience et le courage de relever la tête. Alors tombent d'un coup les faux prestiges qui enchaînaient ces esclaves plus sûrement que les plus lourdes chaînes.

Un autre thème mérite encore d'être signalé : celui de la projection sur l'opprimé, quel qu'il soit, du Mal qui hante l'oppresseur. Ainsi ce dernier parvient-il à se « blanchir » radicalement à ses propres yeux : le Mal ne peut en effet venir de lui puisqu'il est toujours localisé ailleurs, chez quelque Autre absolument autre (le nègre, la prostituée) ; et si même il lui arrive de mal agir, ce sera par la faute du Mal, qui lui aura sauté dessus, qui l'aura envoûté, contaminé.

FRED. — *Ça porte toujours malheur de voir des nègres. Les nègres, c'est le diable.*

. . . .

FRED (à Lizzie). — *Tu es le Diable ! Tu m'as jeté un sort. J'étais au milieu d'eux, j'avais mon revolver à la main et le*

---

1. On notera encore que, traitée en paria tout comme le noir, mise au ban d'une société qui la « tolère » comme exutoire à ses refoulements sexuels, Lizzie non seulement en respecte les représentants et se voit par leurs yeux comme une ordure, comme un déchet de cette société, mais s'est en outre laissé contaminer par leur racisme : « *Je n'ai rien contre eux*, dit-elle des nègres, *mais je ne voudrais pas qu'ils me touchent.* »

*nègre se balançait à une branche. J'ai regardé et j'ai pensé :
j'ai envie d'elle. Ce n'est pas naturel... Qu'est-ce qu'il y a
là-dessous ? Qu'est-ce que tu m'as fait, sorcière ?*

Rappelons ici quelques passages du Saint Genet :

*... L'esprit, comme l'a dit Hegel, est inquiétude. Mais
cette inquiétude nous fait horreur : il s'agit de la supprimer
et d'arrêter l'esprit en expulsant son ressort de négativité.
Faute de pouvoir entièrement juguler cette postulation ma-
ligne, l'homme de bien se châtre : il arrache de sa liberté le
moment négatif et projette hors de lui ce paquet sanglant.
Voilà la liberté coupée en deux : chacune de ses moitiés
s'étiole de son côté. L'une demeure en nous. Elle identifie pour
toujours le Bien à l'être, donc à ce qui est déjà... L'autre
moitié de sa liberté, coupée de lui, projetée au loin, ne le laisse
pas tranquille pour autant... L'honnête homme se fera sourd,
muet, paralysé... Il se définira étroitement par les traditions,
par l'obéissance, par l'automatisme du Bien, et nommera
tentation tout ce grouillement vague et criant qui est encore
lui-même, mais un lui-même sauvage, libre, extérieur aux
limites qu'il s'est tracées. Sa propre négativité tombe en
dehors de lui, puisqu'il la nie de toutes ses forces. Substantifiée,
séparée de toute intention positive, elle devient négation pure
et qui se pose pour soi, pure rage de détruire qui tourne en
rond : le Mal... Originellement le Mal, issu de la peur que
l'honnête homme a devant sa liberté, est une projection et
une catharsis.*

Avec *Les Mains sales*, nous abordons pour la première
fois une situation dans laquelle une collectivité, ayant
reconnu et défini l'oppression qui pèse sur elle, a effectivement entrepris de s'en libérer : c'est le prolétariat qui
se tient ici à l'arrière-plan de la pièce. Et tout le conflit
entre Hoederer et les autres dirigeants du Parti prolétarien se ramène à une question d'opportunité, — Hoederer
et ses partisans (qui ont une voix de majorité) étant con-
vaincus de la nécessité d'une alliance avec les autres partis
politiques contre l'éventuel occupant, cependant que leurs
adversaires au Comité central redoutent qu'une telle
initiative aille à l'encontre d'une politique d'ensemble
dont ils ignorent la ligne depuis que les liaisons sont

coupées avec l'U. R. S. S. Les adversaires d'Hoederer tenteront de le supprimer et c'est Hugo, jeune intellectuel d'origine bourgeoise ayant rompu avec sa famille pour venir au communisme, qui sera envoyé comme secrétaire chez Hoederer pour accomplir cette mission.

L'essentiel du drame réside dans le décalage entre le conflit qui oppose Hoederer à ses adversaires d'origine prolétarienne et celui qui l'oppose à Hugo. De sorte que Hugo, croyant être d'accord avec ceux qui l'envoient tuer Hoederer, se trouve en réalité tout seul, face à des adversaires qui continuent de s'entendre sur l'essentiel et ne se séparent que sur un point de tactique. Hugo, c'est un grand adolescent soudainement introduit parmi les hommes. C'est Oreste plongé dans le monde moderne, dans un monde où il faut tenir compte d'autrui, où d'autres consciences vous investissent de toutes parts, où le sens même que vous pensez donner à vos actes vous est aussitôt dérobé et ne revient vers vous que faussé, truqué, contaminé. Un monde enfin où la liberté aristocratique n'est plus viable, où le salut personnel n'a plus de sens, où l'homme ne saurait se faire libre dans la solitude et en acceptant que ses semblables demeurent esclaves. Il ne s'agit plus de se libérer du remords et contre les dieux, dans une attitude héroïque et grandiose, mais de travailler parmi les hommes à la libération de tous les hommes. Il ne s'agit plus de révolte mais de révolution.

Or il est très remarquable que Hugo, tout comme Oreste, veuille accomplir *son* acte. Mais c'est qu'il se trouve au départ dans la même situation qu'Oreste, comme lui « en l'air », comme lui coupé des hommes. Il lui faut donc pareillement se faire accepter d'eux, être reçu parmi eux : lui aussi, il voudrait être des leurs. Seulement ce n'est plus des mêmes hommes qu'il s'agit : ceux-là ne se laisseront pas si aisément fasciner, manœuvrer, utiliser. Ce sont des hommes en lutte, des esclaves conscients de leur esclavage, des aliénés lucides : des hommes pour qui votre liberté ne sera qu'illusion si vous n'avez pas eu à la conquérir *comme eux*, et qui déjà contestent la réalité de votre engagement quand ils n'y peuvent voir une réponse exigée par votre situation réelle.

Hugo. — *Je respecte les consignes mais je me respecte aussi moi-même... Si je suis entré au Parti, c'est pour que tous les hommes... en aient un jour le droit.*

GEORGES. — *Fais-le taire, Slick, ou je vais pleurer. Nous, mon petit pote, si on y est entré c'est qu'on en avait marre de crever de faim.*

SLICK. — *Et pour que tous les gars dans notre genre aient un jour de quoi bouffer.*

. . . .

SLICK. — *On est peut-être du même parti mais on n'y est pas entré pour les mêmes raisons.*

. . . .

HUGO. — *... Eh bien non, je n'ai jamais eu faim. Jamais ! Jamais ! Jamais ! Tu pourras peut-être me dire, toi, ce qu'il faut que je fasse pour que vous cessiez tous de me le reprocher.*
(Un temps.)

HOEDERER. — *Vous entendez ? Eh bien, renseignez-le... Quel prix doit-il payer pour que vous lui pardonniez ?*

SLICK. — *Je n'ai rien à lui pardonner.*

HOEDERER. — *Si : d'être entré au Parti sans y être poussé par la misère.*

GEORGES. — *On ne lui reproche pas. Seulement il y a un monde entre nous : lui, c'est un amateur, il y est entré parce qu'il trouvait ça bien, pour faire un geste. Nous, on ne pouvait pas faire autrement.*

On le voit : Hugo est d'emblée en porte-à-faux par rapport à ceux dont il prétend servir la cause. En fait, il a déjà accompli un acte, il est entré au Parti, mais de leur point de vue cet acte n'était qu'un *geste*. Ainsi se trouve-t-il exclu simultanément du monde bourgeois dont les valeurs truquées lui sont devenues odieuses, et du monde prolétarien par le fait même que, n'en étant pas originellement, il y vient — et qu'on l'y voit venir. De là ce pénible sentiment d'irréalité, seul héritage de ceux qui, ne pouvant se réclamer d'aucune collectivité humaine, sont privés de tout recours au *sérieux* et, pour commencer, ne parviennent plus à se prendre eux-mêmes au sérieux. Par suite, le véritable problème de Hugo n'est pas de libérer les hommes, mais de les contraindre à tenir compte de lui, et de se sentir enfin exister pour eux et pour lui-même. Quand il réussit à se faire confier la mission de tuer Hoederer, il dit à ses camarades du Parti : « *Avant la fin de la semaine, vous serez ici, tous les deux, par une nuit pareille, et vous attendrez les nouvelles ; et vous serez inquiets et vous parlerez de moi et je compterai pour vous. »*

Les relations de Hugo avec sa femme Jessica sont sur le plan du jeu : ils jouent à s'aimer, et chacun d'eux joue à croire que l'autre joue.

HUGO. — *Des fois je me dis que tu joues à me croire et que tu ne me crois pas vraiment et d'autres fois que tu me crois au fond mais que tu fais semblant de ne pas me croire. Qu'est-ce qui est vrai ?*

JESSICA (riant). — *Rien n'est vrai.*

Hugo voudrait bien être aimé vraiment, il voudrait que sa femme le prenne au sérieux : mais il ne sait pas lui-même à quel moment il joue, à quel moment il est sérieux. « *Rien ne me semble jamais tout à fait vrai* ». « *Un père de famille*, dira-t-il aussi, *c'est jamais un vrai père de famille. Un assassin c'est jamais tout à fait un assassin.* » Et encore : « *Vous croyez peut-être que je suis désespéré ? Pas du tout : je joue la comédie du désespoir. Est-ce qu'on peut en sortir ?* » N'étant fondé sur rien, n'ayant sa place nulle part, Hugo manque en lui-même de réalité et souffre de n'être réel pour personne : « *Personne ne me fait confiance.* »

Pourtant, si : il y a quelqu'un qui lui fait confiance, et c'est précisément Hoederer. Hoederer a parfaitement compris la situation de Hugo et les motivations tout individualistes selon lesquelles Hugo s'opppose à lui :

HOEDERER. — ... *Tu n'aimes pas les hommes, Hugo. Tu n'aimes que les principes.*

HUGO. — *Les hommes ? Pourquoi les aimerais-je ? Est-ce qu'ils m'aiment ?*

HOEDERER. — *Alors pourquoi es-tu venu chez nous ? Si on n'aime pas les hommes on ne peut pas lutter pour eux.*

HUGO. — *Je suis entré au Parti parce que sa cause est juste et j'en sortirai quand elle cessera de l'être. Quant aux hommes, ce n'est pas ce qu'ils sont qui m'intéresse mais ce qu'ils pourront devenir.*

HOEDERER. — *Et moi, je les aime pour ce qu'ils sont. Avec toutes leurs saloperies et tous leurs vices. J'aime leurs voix et leurs mains chaudes qui prennent et leur peau, la plus nue de toutes les peaux, et leur regard inquiet et la lutte désespérée qu'ils mènent chacun à son tour contre la mort et contre l'angoisse. Pour moi, ça compte un homme de plus ou de moins dans le monde. C'est précieux. Toi, je te connais bien, mon petit, tu es un destructeur. Les hommes, tu les détestes parce que tu te détestes toi-même; ta pureté ressemble à la mort et la Révolution dont tu rêves n'est pas la nôtre : tu ne veux pas changer le monde, tu veux le faire sauter.*

C'est à la Justice absolue, à la Violence absolue, à la plus irrémédiable Pureté, c'est à des idées qui ne pardonnent pas, à de grandes abstractions terrifiantes et inhumaines, que Hugo, rejeté par les hommes, a choisi de s'en remettre pour retrouver le sentiment de la réalité : en se réclamant d'elles, il espère parvenir à se prendre au sérieux. Et c'est bien parce qu'il ne se préoccupe que de faire triompher des idées, que Hugo ne peut supporter de voir Hoederer recourir au mensonge pour appuyer sa politique :

HUGO. — *... A quoi ça sert de lutter pour la libération des hommes, si on les méprise assez pour leur bourrer le crâne ?*

HOEDERER. — *Je mentirai quand il faudra et je ne méprise personne. Le mensonge, ce n'est pas moi qui l'ai inventé : il est né dans une société divisée en classes et chacun de nous l'a hérité en naissant. Ce n'est pas en refusant de mentir que nous abolirons le mensonge : c'est en usant de tous les moyens pour supprimer les classes.*

HUGO. — *Tous les moyens ne sont pas bons.*

HOEDERER. — *Tous les moyens sont bons quand ils sont efficaces.*

Ce que signale ici Hoederer c'est qu'il est vain, du point de vue de la pratique, d'opposer un Bien fictif à des maux effectifs, c'est qu'il faut combattre l'adversaire sur son propre terrain, c'est-à-dire au niveau même de cette réalité commune où l'on coexiste avec lui, et par suite consentir à une action dans le relatif sous peine de ne jamais agir.

HOEDERER. — *Comme tu tiens à ta pureté, mon petit gars ! Comme tu as peur de te salir les mains. Eh bien reste pur ! A qui cela servira-t-il et pourquoi viens-tu parmi nous ? La pureté, c'est une idée de fakir et de moine. Vous autres, les intellectuels, les anarchistes bourgeois, vous en tirez prétexte pour ne rien faire. Ne rien faire, rester immobile, serrer les coudes contre le corps, porter des gants. Moi j'ai les mains sales. Jusqu'aux coudes. Je les ai plongées dans la merde et dans le sang. Et puis après ? Est-ce que tu t'imagines qu'on peut gouverner innocemment ?*

HUGO. — *On s'apercevra peut-être un jour que je n'ai pas peur du sang.*

HOEDERER. — *Parbleu : des gants rouges, c'est élégant. C'est le reste qui te fait peur. C'est ce qui pue à ton petit nez d'aristocrate.*

HUGO. — *Et nous y voilà revenus : je suis un aristocrate, un type qui n'a jamais eu faim ! Malheureusement pour vous, je ne suis pas seul de mon avis.*

HOEDERER. — *Pas seul ? Tu savais donc quelque chose de mes négociations avant de venir ici ?*

HUGO. — *N-non. On en avait parlé en l'air, au Parti et la plupart des types n'étaient pas d'accord et je peux vous jurer que ce n'étaient pas des aristocrates.*

HOEDERER. — *Mon petit, il y a malentendu : je les connais, les gars du parti qui ne sont pas d'accord avec ma politique et je peux te dire qu'ils sont de mon espèce, pas de la tienne — et tu ne tarderas pas à le découvrir. S'ils ont désapprouvé ces négociations, c'est tout simplement qu'ils les jugent inopportunes ; en d'autres circonstances ils seraient les premiers à les engager. Toi, tu en fais une affaire de principes.*

On aura noté au passage l'opposition entre le thème des *gants rouges*, thème aristocratique et individualiste (sous le rapport duquel Oreste rejoignait Égisthe : « *Il y a quinze ans, jour pour jour, un autre meurtrier s'est dressé devant vous, il avait des gants rouges jusqu'au coude, des gants de sang...* »), et celui des *mains sales*, qui caractérise le souci d'une efficacité politique au service des hommes. Oreste quittant Argos, sans doute avait-il assumé le sang, mais il fuyait la merde.

Hoederer, lui, s'attaque au monde réel et se préoccupe des hommes réels : « *Je fais une politique de vivants pour des vivants* ». Et Hugo ne peut se dissimuler que cet homme qui trouve normal, en certaines occasions, de mentir aux camarades, est en même temps le plus vivant de tous : « *As-tu vu comme il est dense ? Comme il est vivant ? » « ... Vous avez l'air si vrai, si solide ! » « Tout ce qu'il touche a l'air vrai. Il verse le café dans les tasses, je bois, je le regarde boire et je sens que le vrai goût du café est dans sa bouche à lui.* » En face de Hoederer, Hugo comprend que son entrée au Parti ne l'a pas réellement transformé et qu'il lui faut en outre passer à l'âge d'homme. Mais il redoute ce passage (son père lui ayant dit, un jour : « *Moi aussi, dans mon temps, j'ai fait partie d'un groupe révolutionnaire ; j'écrivais dans leur journal. Ça te passera comme ça m'a passé.* ») : « *Des fois, je donnerais ma main à couper pour devenir tout de suite un homme et d'autres fois il me semble que je ne voudrais pas survivre à ma jeunesse.* »

Pour Oreste aussi, nous l'avons vu, le problème était de passer de la jeunesse à l'âge d'homme. Et Hugo dira plus tard, après avoir tué Hoederer : « *Je me trouvais trop jeune : j'ai voulu m'attacher un crime au cou, comme une pierre.* » Pour le moment, il veut tuer Hoederer mais αéjà il l'admire ; et voici qu'Hoederer va faire un premier pas vers lui :

HOEDERER. — *Veux-tu que je t'aide ?*

HUGO. — *Hein ?*

HOEDERER. — *Tu as l'air si mal parti. Veux-tu que je t'aide ?*

HUGO (dans un sursaut). — *Pas vous !* (Il se reprend très vite.) *Personne ne peut m'aider.*

Dans un début d'ivresse, Hugo va montrer qu'il n'est pas demeuré insensible : « *Tu peux penser ce que tu voudras d'Hoederer, mais c'est un homme qui m'a fait confiance.* » Mais ayant repris son contrôle, et face à Hoederer, il refusera tout d'abord d'en convenir : « *Je suis de trop, je n'ai pas ma place et je gêne tout le monde ; personne ne m'aime, personne ne me fait confiance.*

Hoederer fera pourtant un second pas vers lui.

HOEDERER. — *Moi, je te fais confiance.*

HUGO. — *Vous ?*

HOEDERER. — *Bien sûr. Tu es un môme qui a de la peine à passer à l'âge d'homme mais tu feras un homme très acceptable si quelqu'un te facilite le passage.*

Ce moment de la pièce est capital, car on y saisit pour la première fois dans le théâtre de Sartre l'ébauche d'un rapport authentique entre deux consciences ; et ce sont celles, précisément, entre lesquelles la distance nous est apparue la plus grande. Hoederer peut craindre que Hugo ne se raidisse de nouveau et ne finisse par tirer sur lui ; Hugo peut craindre que Hoederer ne lui propose son aide que pour le mystifier : aussi tient-il à préciser qu'en tout cas il ne changera pas d'avis. Mais Hoederer n'en persiste pas moins à vouloir l'aider, et quand Hugo, qui est sorti quelques minutes pour prendre l'air, reviendra vers lui ce sera pour lui dire qu'il accepte son aide. Il ne le lui dira pourtant pas, car il le trouvera tenant Jessica dans ses bras, et il croira qu'Hoederer s'est moqué de lui, et il puisera dans sa terrible déception la force d'accomplir cet acte qui devait le « racheter » mais dont son attachement à Hoederer l'avait de jour en jour rendu plus incapable.

HUGO. — *C'était donc ça ?*

HOEDERER. — *Hugo...*

HUGO. — *Ça va.* (Un temps.) *Voilà donc pourquoi vous m'avez épargné. Je me demandais : pourquoi ne m'a-t-il pas fait abattre ou chasser par ses hommes. Je me disais : ça n'est pas possible qu'il soit si fou ou si généreux Mais tout s'explique : c'était à cause de ma femme. J'aime mieux ça.*

JESSICA. — *Écoute...*

HUGO. — *Laisse donc, Jessica, laisse tomber. Je ne t'en veux pas et je ne suis pas jaloux ; nous ne nous aimions pas. Mais lui, il a bien failli me prendre à son piège. « Je t'aiderai, je te ferai passer à l'âge d'homme. » Que j'étais bête ! Il se foutait de moi.*

HOEDERER. — *Hugo, veux-tu que je te donne ma parole que*

HUGO. — *Mais ne vous excusez pas. Je vous remercie au contraire, une fois au moins vous m'aurez donné le plaisir de vous voir déconcerté. Et puis... et puis...* (Il bondit jusqu'au bureau, prend le revolver et le braque sur Hoederer.) *Et puis vous m'avez délivré.*

JESSICA, criant. — *Hugo !*

HUGO. — *Vous voyez, Hoederer, je vous regarde dans les yeux et je vise et ma main ne tremble pas et je me fous de ce que vous avez dans la tête.*

HOEDERER. — *Attends, petit ! Ne fais de bêtises. Pas pour une femme !*

> Hugo tire trois coups. Jessica se met à hurler. Slick et Georges entrent dans la pièce.

HOEDERER. — *Imbécile. Tu as tout gâché.*

SLICK. — *Salaud !*

> Il tire son revolver.

HOEDERER. — *Ne lui faites pas de mal.* (Il tombe dans un fauteuil.) *Il a tiré par jalousie.*

SLICK. — *Qu'est-ce que ça veut dire ?*

HOEDERER. — *Je couchais avec la petite* (Un temps.) *Ah ! c'est trop con !*

> Il meurt.

Hoederer, en fait, ne s'était nullement moqué de Hugo : simplement, Jessica — après l'avoir à maintes reprises provoqué — venait enfin de se jeter dans ses bras, désireuse elle aussi d'accéder à la réalité. « *Je ne sais rien, je ne suis ni femme ni fille, j'ai vécu dans un songe et quand on m'embrassait ça me donnait envie de rire. A présent, je suis là devant vous, il me semble que je viens de me réveiller et que c'est le matin. Vous êtes vrai. Un vrai homme de chair et d'os, j'ai vraiment peur de vous et je crois que je vous aime pour de vrai.* » Dans l'univers sartrien, nous le verrons mieux par la suite, la femme est fréquemment un piège ; c'est la frigidité dont se vante Jessica, au moment même où elle s'offre le plus *violemment* (« *Faites de moi ce que vous voudrez : quoi qu'il arrive, je ne vous reprocherai rien* »), qui fait ici fonctionner le piège : Hoederer l'embrasse pour se prouver et lui prouver que ça ne lui donne pas envie de rire. Quand Hugo rentre dans le bureau, la preuve est faite — et « *tout le travail d'une vie* (est) *en ruines* ». En ruines, aussi, le mouvement de générosité qui avait simultanément porté Hoederer à faire malgré tout confiance à Hugo, Hugo à faire malgré tout confiance à Hoederer. Ce moment de réciprocité, où deux libertés se sont librement reconnues, l'incident le plus absurde a suffi à y mettre fin.

L'acte susceptible d'incarner la liberté de Hugo, de le faire exister parmi les hommes, nous avons vu que ce ne pouvait être son entrée au Parti. Ce ne sera pas davantage le meurtre de Hoederer : « *Un acte ça va trop vite. Il sort de toi brusquement et tu ne sais pas si c'est parce que tu l'as voulu ou parce que tu n'as pas pu le retenir. Le fait est que j'ai tiré...* » « *Un meurtre... c'est abstrait. Tu appuies sur la gâchette et après ça tu ne comprends plus rien à ce qui arrive.* » « *Ce n'est pas moi qui ai tué, c'est le hasard. Si j'avais ouvert la porte deux minutes plus tôt ou deux minutes plus tard, je ne les aurais pas surpris dans les bras l'un de l'autre, je n'aurais pas tiré. ... Je venais pour lui dire que j'acceptais son aide.* » « *... J'avais peur que* (mon crime) *ne soit lourd à supporter. Quelle erreur : il est léger, horriblement léger. Il ne pèse pas... Je ne le sens pas... Il est devenu mon destin ... il gouverne ma vie du dehors mais je ne peux ni le voir, ni le toucher, il n'est pas à moi, c'est une maladie mortelle qui tue sans faire souffrir.* »

Et il n'en ira guère mieux de son acte final : Hugo,

en effet, n'y incarnera sa liberté que pour lui retirer du même coup toute possibilité d'action ; il n'agira qu'au prix de se suicider, en se jetant sous les balles de ses anciens camarades. Ceux-ci, pendant qu'il était en prison pour son meurtre, ont été conduits à approuver la ligne qui avait été préconisée par Hoederer ; Hoederer est devenu, à titre posthume, le grand homme du Parti ; et il importe évidemment que Hugo l'ait abattu pour des motifs purement personnels, par simple jalousie. Olga vient de demander à Hugo d'accepter une fois pour toutes cette version officielle du meurtre, et les camarades reviennent pour savoir s'il est « récupérable », c'est-à-dire pour le supprimer s'il ne l'est pas. Mais Hugo se refuse à laisser son « acte » devenir définitivement absurde. Il sait bien que le sens lui en a aussitôt échappé et qu'il demeure en suspens : or voici que la possibilité semble lui être offerte de le déterminer après coup, et ainsi de récupérer cet acte flottant, de lui donner son visage éternel, d'en faire à jamais *son acte*.

Hugo. — *Un type comme Hoederer ne meurt pas par hasard. Il meurt pour ses idées, pour sa politique ; il est responsable de sa mort. Si je revendique mon crime devant tous... et si j'accepte de payer le prix qu'il faut, alors il aura eu la mort qui lui convient.*

On frappe à la porte.

Olga. — *Hugo, je...*

Hugo, marchant vers la porte. — *Je n'ai pas encore tué Hoederer, Olga. Pas encore. C'est à présent que je vais le tuer et moi avec.*

On frappe de nouveau.

Olga, criant. — *Allez-vous-en ! Allez-vous-en !*

Hugo ouvre la porte d'un coup de pied.

Hugo, il crie. — *Non récupérable.*

Ce suicide est un échec total, et ce n'est pas seulement au regard du Parti que Hugo s'y désigne comme « non récupérable ». En se jetant à la mort, il ne sauve rien du tout — sauf peut-être si l'on imagine de prendre sur le monde humain le point de vue de Dieu, selon lequel l'intention de Hugo peut recevoir valeur éternelle mais, précisément, ailleurs que dans ce monde-ci. Ici, parmi les hommes, la mort de Hugo passera inaperçue, Hoederer continuera d'avoir été tué par jalousie, et il n'y aura plus personne pour soutenir par des actes le sens que Hugo prétend donner à son acte [1]. En fin de compte ce n'est pas un acte, ce n'est encore qu'un geste : c'est un beau départ, à la façon d'Oreste.

Hugo n'a rien appris, son amour pour Hoederer ne l'a pas provoqué à la moindre transformation de soi : il disparaît comme il était venu, pur, intact, aussi vierge que l'était foncièrement demeurée, dans ses bras, sa femme Jessica. Une seule différence : en se jetant sous les balles des exécuteurs et dans l'exaltation de ce geste ultime (équivalent instantané de la fête plus cérémonieuse qui termine *Les Mouches*), sans doute accède-t-il à une définitive réconciliation avec lui-même. C'est aussi, bien sûr, le but que poursuivait Oreste : éterniser ce moment où il parvient à se faire *être*, à se sentir vivre sous les regards des gens d'Argos. Mais Oreste devra continuer de vivre ; Hugo, lui, ne connaîtra plus d'autre sentiment que celui d'avoir retrouvé cette consistance d'être, ce « sérieux » après lesquels il n'avait cessé de courir. Il est vrai que ce sera au prix d'en perdre aussitôt, et à jamais, la conscience.

Reste à situer l'échec de Hugo dans l'univers de Sartre. Car il est facile de condamner son attitude, mais encore faut-il voir que Hugo ne serait pas un personnage sartrien s'il était tout entier tout condamnable. Sartre lui-même a fait un jour à son sujet quelques remarques qui ne sont point sans intérêt [2]. L'auteur des *Mains sales,* venant de s'interroger sur les raisons d'une fausse interprétation de sa pièce, entreprenait de définir le véritable sens qu'il souhaitait voir s'en dégager : « *Je voulais d'abord qu'un*

---

1. « *Le suicide ne saurait être considéré comme une fin de vie dont je serais le propre fondement. Étant acte de ma vie, en effet, il requiert lui-même une signification que seul l'avenir peut lui donner ; mais comme il est le dernier acte de ma vie il se refuse cet avenir ; ainsi demeure-t-il totalement indéterminé. Si j'échappe à la mort, en effet, ou si je « me manque », ne jugerai-je pas plus tard mon suicide comme une lâcheté ? L'événement ne pourra-t-il pas me montrer que d'autres solutions étaient possibles ? Mais comme ces solutions ne peuvent être que mes propres projets, elles ne peuvent apparaître que si je vis. Le suicide est une absurdité qui fait sombrer ma vie dans l'absurde.* » (*L'être et le néant*).
2. Je prends la liberté de les reproduire ici dans le texte même de son improvisation, tel qu'il a été pris en sténotypie.

certain nombre des jeunes gens d'origine bourgeoise qui ont été mes élèves ou mes amis, et qui ont actuellement vingt-cinq ans, puissent retrouver quelque chose d'eux dans les hésitations de Hugo. Hugo n'a jamais été pour moi un personnage sympathique, et je n'ai jamais considéré qu'il eût raison par rapport à Hoederer. Mais j'ai voulu représenter en lui les tourments d'une certaine jeunesse qui, malgré qu'elle ressente une indignation très proprement communiste, n'arrive pas à rejoindre le Parti à cause de la culture libérale qu'elle a reçue. Je n'ai voulu dire ni qu'ils avaient tort ni qu'ils avaient raison : à ce moment-là, j'aurais écrit une pièce à thèse. J'ai simplement voulu les décrire. Mais c'est l'attitude de Hoederer qui seule me paraît saine... »

Ce que Sartre manifeste ici c'est à la fois sa préférence pour Hoederer et sa compréhension de Hugo. Or il est assez clair que cette compréhension n'est pas gratuite : le problème de Hugo, si proche de celui d'Oreste (et tant soit peu apparenté à celui de Garcin), comment ne serait-il pas jusqu'à un certain point celui de Sartre lui-même ? Intellectuel d'origine bourgeoise, il n'est pas lui non plus entré dans ce Parti, malgré tout ce qui tend à l'en rapprocher. Et si nous voulons comprendre sa propre attitude, sans doute ne sera-t-il pas inutile de la référer à cette situation originelle dont il partage avec Hugo certains caractères objectifs, mais à partir de laquelle évidemment sa liberté a entrepris de s'exercer de façon fort différente. Avant d'abandonner *Les Mains sales*, nous nous efforcerons d'en dégager tous les éléments qui pourraient encore nous aider à préciser cette situation, telle du moins qu'elle est vécue par Hugo.

Celui-ci, nous l'avons vu, souffre corrélativement d'un sentiment d'irréalité et de son impuissance à devenir un homme parmi les hommes. « *Tu parles trop, lui dira Olga. Toujours trop. Tu as besoin de parler pour te sentir vivre.* » « *Bon Dieu*, dit-il lui-même, *quand on va tuer un homme, on devrait se sentir lourd comme une pierre. Il devrait y avoir du silence dans ma tête.* » Mais il n'y a jamais de silence en lui :

HUGO. — *Il y a beaucoup trop de pensées dans ma tête. Il faut que je les chasse.*

HOEDERER. — *Quel genre de pensées ?*

HUGO. — « *Qu'est-ce que je fais ici ? Est-ce que j'ai raison de vouloir ce que je veux ? Est-ce que je ne suis pas en train de jouer la comédie ? » Des trucs comme ça... Il faut que je me défende. Que j'installe d'autres pensées dans ma tête. Des consignes : « Fais ceci. Marche. Arrête-toi. Dis cela. » J'ai besoin d'obéir. Obéir et c'est tout. Manger, dormir, obéir.*

A rapprocher ces divers passages, on constate que le souci d'agir, chez Hugo, ne fait qu'un avec le souci de n'être plus en question pour lui-même. Il voudrait pouvoir s'assurer de soi, devenir massif, objectif, tuer en lui ce pouvoir de réflexion qui le ronge, qui ne cesse de contester et de dissoudre ses sentiments et ses projets. Autant dire qu'il est prisonnier d'un cercle, car seule l'action le délivrerait de son mal mais ce mal est précisément ce qui le rend incapable d'agir. Du reste, ce mal est celui de tous les intellectuels : « ... *Qu'il me fasse faire de l'action*, réclamait Hugo. *J'en ai assez d'écrire pendant que les copains se font tuer.* » Et Hoederer : « *Tous les intellectuels rêvent de faire de l'action.* » Ils en rêvent... Et, naturellement, l'action dont ils rêvent c'est d'emblée la plus héroïque : pour pouvoir se prendre au sérieux il leur faut au moins le baptême du sang. Ce n'est pas dans la patience de la *praxis* quotidienne, c'est dans la fulgurante violence d'un acte meurtrier, où ils tuent en risquant leur vie, qu'ils voient la seule possibilité d'un rachat à leurs propres yeux. « *Quelle rage avez-vous tous*, dira Hoederer, *de jouer aux tueurs ?* » Et encore : « *Un intellectuel ça n'est pas un vrai révolutionnaire ; c'est tout juste bon à faire un assassin.* » Ce passage à la limite a un triple sens : 1°) le velléitaire, se connaissant comme tel, se propose toujours — par compensation — des actes extrêmes ; 2°) celui qui souffre d'être irréalisé cherche à ressentir son être au maximum, et nous avons déjà rencontré chez Oreste ce besoin de conquérir sa réalité en se faisant saisir d'un seul coup par le destin le plus lourd ; 3°) celui qui se sent rejeté par les autres imagine les comportements les plus spectaculaires, dans sa hâte de se faire reconnaître par eux. Hugo se sent perdu, pour lui-même et aux yeux d'autrui : « *Vous savez bien que je suis foutu... Je ne suis doué pour rien...* » ; « *Olga, je n'ai pas envie de vivre... Un type qui n'a pas envie de vivre, ça doit pouvoir servir, si on sait l'utiliser...* » ; « ... *Jamais ils ne m'accepteront ; ils sont cent mille qui me regardent avec ce sourire. J'ai lutté, je me suis humilié, j'ai tout fait pour qu'ils oublient, je leur ai répété que je les aimais, que je les enviais, que je les admirais. Rien à faire ! Rien à faire ! Je suis un gosse de riche, un intellectuel, un type qui ne travaille pas de ses mains. Eh bien ! qu'ils pensent ce qu'ils veulent. Ils ont raison, c'est une question de peau.* » La seule question pour lui sera dès lors de se sauver : non pas de les rejoindre pour se rejoindre lui-même et coïncider avec soi, mais de coïncider avec soi pour se dissimuler qu'il ne saurait parvenir à les rejoindre. Hugo est désespéré, il part battu, il a d'emblée adopté une attitude d'échec en se condamnant à ne poursuivre en réalité que son salut personnel — une vaine réconciliation dans l'absolu — à travers les fins successives qu'il prétend viser. « *Tu as voulu te prouver*, lui dira Hoederer, *que tu étais capable d'agir et tu as choisi les chemins difficiles : comme quand on veut mériter le ciel ; c'est de ton âge. Tu n'as pas réussi : bon, et après ! Il n'y a rien à prouver, tu sais, la Révolution n'est pas une question de mérite mais d'efficacité ; et il n'y a pas de ciel.* » C'est ce que venait de lui dire Olga : « *Le Parti n'est pas une école du soir. Nous ne cherchons pas à t'éprouver mais à t'employer selon ta compétence.* » « *Nous ne sommes pas des boys-scouts et le Parti n'a pas été créé pour te fournir des occasions d'héroïsme.* »

À l'encontre de cette morale individualiste, où chacun ne se préoccupe que de son salut personnel, de sa valeur propre et de ses mérites, où les autres ne sont là que pour fournir des occasions à l'exercice de vertus solitaires, où l'on ne s'intéresse à eux que pour autant qu'ils vous inquiètent et qu'on se sent contesté par eux, à l'encontre de cette morale de l'intention, de cette morale bourgeoise, de cette morale d'intellectuels et de Narcisses, Hoederer et Olga, communistes tous deux, professent une morale de l'efficacité, une morale des résultats, où c'est la cause qui commande et où l'individu doit sacrifier, au service et dans l'intérêt de la cause, l'orgueilleux souci de se mettre à l'épreuve. Hoederer : « *Il y a du travail à faire, c'est tout. Et il faut faire celui pour lequel on est doué : tant mieux s'il est facile. Le meilleur travail n'est pas celui qui te coûtera le plus ; c'est celui que tu réussiras le mieux.* » Olga : « *Il y a un travail à faire et il faut qu'il soit fait ; peu importe par qui.* »

L'intellectuel est voué à l'échec dans la mesure où, tout entier tourné vers soi, il dresse son propre problème entre lui et les autres hommes, alors même qu'il prétend se préoccuper de leur sort, se consacrer à leur cause. Mais s'il parvient au contraire à dépasser le souci de son salut personnel et le besoin de se mettre en avant, de se faire valoir, de se nourrir de l'existence des autres, comme un parasite, il n'en résulte pas que, du même coup, tous les problèmes tombent. Une cause, si juste soit-elle, ne saurait être définie une fois pour toutes, et les hommes ne cessent de concourir à sa définition par la façon même dont ils choisissent de la servir : leurs choix, bien sûr, ne sont jamais purement arbitraires, mais ils ne sont pas davantage réductibles à des nécessités purement objectives. Spontanément soucieux de justifications, l'intellectuel qui a renoncé à la bonne conscience du saint et de l'acquéreur de mérites, peut-il se satisfaire de cette autre bonne conscience qui est celle du soldat et du fournisseur de services ?

« Fatigué de jouer les durs, un chef de gang décide, sur un coup de tête, de faire le bonheur des déshérités. Les dégâts sont considérables. Aux dernières nouvelles, il semble que l'insensé ait abandonné son sinistre projet et consenti à reprendre l'exercice de sa profession. »

Ce qui m'intéresse dans ce fait-divers, c'est qu'il ne pourrait avoir été rédigé que par un journaliste de tendance révolutionnaire. Jo-la-Terreur peut bien retourner sa veste et devenir un émule de l'abbé Pierre, et pas mal d'honnêtes gens en être mystifiés, et le gouvernement de l'heure s'en trouver plus à l'aise pour privilégier, parmi ses innombrables soucis, celui de poursuivre la guerre à l'autre bout du monde, ce n'est certes pas du côté du *Figaro* que l'on ira s'en plaindre. Mais supposez que Max, le caïd de *Touchez pas au grisbi !*, quittant le monde des « durs » pour celui des « caves », prétende en outre y devenir un cave-modèle et, par exemple, y mettre une usine-modèle à l'entière disposition de ses ouvriers : il y a gros à parier que les organisations syndicales et le Parti communiste verraient d'un mauvais œil cette manifestation de générosité ; sans doute n'aiment-ils pas beaucoup les gangsters, mais — la société étant encore ce qu'elle est — on peut être sûr qu'ils les préfèrent aux illusionnistes. Ajoutez à cela que mon fait-divers oublie de préciser l'essentiel, et que, dans *Le Diable et le bon Dieu*, Goetz ne redevient pas gangster : il redevient chef de guerre mais c'est pour se mettre au service des paysans en lutte contre les seigneurs.

Au début, Goetz faisait le Mal. Ou du moins il croyait le faire... Seul, face à Dieu, il prétendait être le Diable. Selon ses changeantes humeurs, il menait ses troupes au massacre, s'alliant aux uns puis les trahissant pour s'allier aux autres, et rasant les villes sur son passage. « *Quelle puissance ! Dieu, cette ville est à moi et je te la donne. Tout à l'heure je la ferai flamber pour ta gloire.* » Car Goetz ne peut avoir de vrai dialogue qu'avec Dieu et n'accepte d'autre rival que Lui : « *Je ne daigne avoir affaire qu'à Dieu !* » « *... Que me font les hommes ? Dieu m'entend, c'est à Dieu que je casse les oreilles et ça me suffit, car c'est le seul ennemi qui soit digne de moi. Il y a Dieu, moi et les fantômes.* » « *Connaissez-vous mon pareil ? Je suis l'homme qui met le Tout-Puissant mal à l'aise. En moi, Dieu prend horreur de lui-même.* » A l'en croire, Goetz semble même, par rapport à Dieu, s'être réservé la meilleure part :

CATHERINE. — *Et pourquoi faire le Mal ?*

GOETZ. — *Parce que le Bien est déjà fait.*

CATHERINE. — *Qui l'a fait ?*

GOETZ. — *Dieu le Père. Moi, j'invente.*

Goetz, donc, prétendait faire le Mal à l'état pur, le Mal absolu, « *le Mal pour le Mal* ». Ainsi se faisait-il à lui-même mal, mais cela, bien entendu, faisait partie de l'entreprise : « *Je me fais horreur depuis quinze ans. Et après ? Est-ce que tu ne comprends pas que le Mal est ma raison d'être ?* » D'ailleurs, comment s'assurer qu'on fait le Mal à moins d'en éprouver en soi les effets ? « *Le Mal, ça doit faire mal à tout le monde. Et d'abord à celui qui le fait.* » Seulement, il y a bien pire : c'est que le Mal est fastidieux. « *... Que c'est monotone. L'ennui avec le Mal, c'est qu'on s'y habitue. Il faut du génie pour inventer. Cette nuit, je ne me sens guère inspiré.* [1] » Pire encore : tout le monde fait le mal, et nul ne peut *vraiment* le faire. Heinrich :

---

1. « *Le Mal fatigue, il réclame une vigilance insoutenable... L'action mauvaise... fût-elle accomplie pour elle-même, devrait contenir en soi et résoudre tant de contradictions qu'elle réclamerait de l'invention, de l'inspiration et, pour tout dire, du génie.* » (*Saint Genet,*).

Tu prends beaucoup de peine pour rien, fanfaron de vice ! Si tu veux mériter l'Enfer, il suffit que tu restes dans ton lit. Le monde est iniquité : si tu l'acceptes, tu es complice, si tu le changes, tu es bourreau. » Nasty : « *Tu mets du désordre. Et le désordre est le meilleur serviteur de l'ordre établi... Tu sers les grands, Goetz, et tu les serviras quoi que tu fasses : toute destruction brouillonne affaiblit les faibles, enrichit les riches, accroît la puissance des puissants... Tu tournes en rond, tu ne fais mal qu'à toi-même. »* A vrai dire, il y aurait une solution, et Nasty la propose à Goetz : ce serait de faire alliance avec les pauvres ; ainsi pourrait-il définir ses adversaires et les frapper méthodiquement au lieu de porter au hasard des coups qui ne font pas grand effet dans le monde mais se retournent toujours contre lui-même : « *Si tu veux détruire pour de bon, ... viens à nous.* » Par malheur, ce Mal n'en sera pas tout à fait un, puisque Dieu est avec les pauvres, puisqu'il est *bien* de prendre le parti des pauvres : « *Tu seras le fléau de Dieu* ». Mais si Goetz ne peut supporter de faire du bien en voulant faire le Mal, le projet de faire le Bien a de quoi le fasciner, dès lors qu'on le lui présente comme irréalisable, contraire aux volontés divines :

HEINRICH. — *... Dieu a voulu que le Bien fût impossible sur terre.*

GOETZ. — *Impossible ?*

HEINRICH. — *Tout à fait impossible : impossible l'Amour ! Impossible la Justice ! Essaie donc d'aimer ton prochain, tu m'en diras des nouvelles.*

GOETZ. — *Et pourquoi ne l'aimerais-je pas, si c'était mon caprice ?*

Goetz s'est senti défié par Dieu, il brûle de relever le défi :

GOETZ. — *... Personne n'a jamais fait le Bien ?*

HEINRICH. — *Personne.*

GOETZ. — *Parfait. Moi je te parie de le faire... Tu m'apprends que le Bien est impossible, je parie donc que je ferai le Bien : c'est encore la meilleure manière d'être seul. J'étais criminel, je me change : je retourne ma veste et je parie d'être un saint.*

Là-dessus, Heinrich lui fait observer qu'il a perdu d'avance, car on ne fait pas le Bien pour gagner un pari. Goetz en convient et décide de jouer aux dés sa conversion. Pourquoi ne choisit-il pas tout simplement de se convertir ? Parce qu'il veut « *mettre le Seigneur au pied du mur* » ; c'est avec une putain qu'il lancera les dés, mais

c'est avec Dieu que la partie devra se jouer : « *Seigneur,
vous êtes coincé. Le moment est venu d'abattre votre jeu.* »
Autrement dit, c'est à Dieu de prendre ses responsabilités :
si Dieu fait perdre Goetz, Goetz fera la volonté de Dieu,
il choisira le Bien ; mais si Dieu le laisse gagner, Goetz
brûlera Worms et massacrera vingt mille personnes. Ce
n'est pourtant qu'une comédie : Goetz perdra, mais
on apprendra, quelques instants plus tard, qu'il a triché
pour être sûr de perdre.

Goetz est un comédien, il a besoin de la galerie pour
se sentir exister. Quand il envisage de se retirer dans le
château familial qu'il a reconquis par les armes en trahissant son propre frère, il souhaite « *qu'il y ait la nuit, dans
les couloirs, beaucoup de fantômes indignés* » : « *C'est vrai,*

Avec Maria Casarès et Pierre Brasseur   **51**
au cours d'une répétition de Le Diable
et le bon Dieu.

cabotin, lui jette Catherine, *que ferais-tu sans public ?* »

En fait, Goetz ne croit ni à Dieu ni au Diable : il rêve à l'Absolu, il veut faire absolument le Mal ou faire absolument le Bien, pour être ainsi *lui-même* le Diable ou Dieu. Et finalement sa préférence va au Bien, lorsqu'il découvre que le Mal est toujours sous la dépendance du Bien, ne se définit qu'à partir du Bien, que le Bien c'est l'Être même, dont le Mal se nourrit comme un parasite : « *Je sais que le Bien est plus pénible que le Mal. Le Mal ce n'était que moi, le Bien c'est tout.* »

Nous retrouvons ici cette tentation de l'Absolu que nous avions reconnue chez Oreste et puis chez Hugo : même souci de choisir la voie la plus malaisée, et de violer le monde, de le contraindre à s'ouvrir, de posséder en lui la Réalité par les magiques effets d'un comportement exceptionnel, en dehors du commun. Mais d'où vient cette similitude entre les trois personnages ? *Goetz est un bâtard.* Descendant, par sa mère, de la puissante famille des Heidenstamm, il s'en est senti rejeté pour être né de père inconnu : « *Ma mère s'est donnée à un croquant et je suis fait de deux moitiés qui ne collent pas ensemble : chacune des deux fait horreur à l'autre.* » Et ce n'est pas seulement de sa famille que Goetz s'est trouvé exclu, c'est du monde entier, de la communauté humaine : « *Depuis mon enfance, je regarde le monde par le trou de la serrure : c'est un beau petit œuf bien plein où chacun occupe la place qui lui est assignée, mais je peux t'affirmer que nous ne sommes pas dedans. Dehors! Refuse ce monde qui ne veut pas de toi ! Fais le Mal : tu verras comme on se sent léger.* » Ces paroles, Goetz les adresse à Heinrich, qui pourtant n'est pas un bâtard. Qui, du moins, ne l'était pas en naissant... Mais la bâtardise n'est pas une affaire d'état civil ; Heinrich est un prêtre, il aime les pauvres et, tout à la fois, se sent à jamais solidaire d'une Église pour qui, en tant qu'Église temporelle, les pauvres ne comptent guère. Ainsi appartient-il lui aussi à deux mondes hostiles : « *Salut, petit frère ! salut en bâtardise ! Car toi aussi tu es bâtard ! Pour t'engendrer, le clergé a couché avec Misère... Un demi-curé ajouté à un demi-pauvre, ça n'a jamais fait un homme entier. Nous ne sommes pas et nous n'avons rien. Tous les enfants légitimes peuvent jouir de la terre sans payer. Pas toi, pas moi.* »

De ce point de vue, Oreste est un bâtard : il est d'Argos et il n'en est pas, il est un homme que les autres hommes ignorent, il glisse vainement à la surface d'un monde dont la jouissance ne cesse de lui être refusée. Et Hugo lui aussi est un bâtard : fait d'un demi-bourgeois et d'un demi-révolutionnaire, il ne parvient jamais à se saisir, il est rejeté dans l'univers du jeu, il est truqué de part en part, il échappe indéfiniment à lui-même ; il est Narcisse à la poursuite de son âme. Chez l'un comme chez l'autre, les actes se changent en gestes. Ils ont besoin d'être vus, de se sentir vus ; ils jouent un rôle ; ils prétendent se soucier du sort d'autrui mais c'est eux, en fin de compte, qui ont besoin d'autrui pour se nourrir de sa substance et le changer en spectateur. On notera toutefois la progression : Oreste a besoin du regard des gens d'Argos, Hugo a besoin d'être vu et sauvé par une humanité abstraite, Goetz s'adresse directement à Dieu pour se faire saisir par le regard le plus absolu ; et Dieu lui-même il faudra qu'il l'inquiète, qu'il lui fasse peur et provoque sa colère (tout comme Oreste face aux gens d'Argos) et qu'enfin, d'une manière ou d'une autre, il parvienne *à compter pour lui* (comme Hugo pour ceux du Parti) : « *C'est Dieu que je crucifierai cette nuit, sur toi et sur vingt mille hommes parce que sa souffrance est infinie et qu'elle rend infini celui qui le fait souffrir. Cette ville va flamber. Dieu le sait. En ce moment il a peur, je le sens ; je sens son regard sur mes mains, je sens son souffle sur mes cheveux, ses anges pleurent. Il se dit « Goetz n'osera peut-être pas »* — *tout comme s'il n'était qu'un homme. Pleurez, pleurez les anges : j'oserai. Tout à l'heure, je marcherai dans sa peur et dans sa colère. Elle flambera : l'âme du Seigneur est une galerie de glaces, le feu s'y reflètera dans des millions de miroirs. Alors je saurai que je suis un monstre tout à fait pur.* »

Dans tous les cas, il s'agit de s'assurer de son être parce que cet être vous échappe, du fait d'une situation originelle qui vous divise à l'intérieur de vous-même. Nous reviendrons bientôt — à propos de Kean, un autre bâtard — sur le thème du comédien. Mais nous pouvons remarquer dès maintenant que, dans la description sartrienne de la réalité humaine, la conscience est toujours (ontologiquement) à distance d'elle-même : elle ne coïncide pas avec soi, elle est ce qu'elle n'est pas et n'est pas ce qu'elle est, elle est sans cesse en question pour elle-même, perpétuel échappement à soi. Or l'attitude « naturelle » de la conscience, attitude d'échec, consiste essentiellement à n'assumer point cette condition et à se réfugier dans la mauvaise foi. Ainsi se condamne-t-elle à ne pouvoir jamais surmonter dans une synthèse les deux aspects de la réalité humaine : sa contingence et sa liberté ; sa *facticité* (son être de fait, son être-là) et sa *transcendance* (son pouvoir de se faire, c'est-à-dire l'obligation corrélative de *se faire être* pour être quoi que ce soit) [1]. « *Mais que* sommes-nous *donc*, demande Sartre, *si nous avons l'obligation constante de nous faire être ce que nous sommes ?* »

1. Toutes les descriptions de *L'être et le néant* se réfèrent à cette attitude d'échec et de mauvaise foi. Mais, tout comme dans le cas des relations avec autrui, Sartre prend soin de signaler qu'il serait possible d'adopter une attitude différente : « *Ces deux aspects de la réalité humaine sont, à vrai dire, et doivent être susceptibles d'une coordination valable.* »

On aura reconnu l'inquiétude de Hugo, qui se plaignait qu'on ne fût jamais vraiment ce qu'on est, et qu'on ne pût jamais se saisir qu'en train de jouer son être. C'est aussi de quoi se plaindra Mathieu. Il est dans une boîte de nuit, avec Boris et Ivich, pendant que Lola y fait son tour de chant : « *Il se sentait gêné : au fond d'elle-même Lola était noble et passionnée, pourtant son visage mentait, il jouait la noblesse et la passion... « Eh bien, et moi ? Est-ce que je ne suis pas en train de souffrir en beauté, de jouer au type foutu avec accompagnement de musique ? Pourtant, pensa-t-il, c'est bien vrai que je suis foutu. » Autour de lui, c'était pareil... Le barman, par exemple... Il était un peu trop barman, il secouait le shaker, l'ouvrait, faisait couler une mousse jaune dans des verres avec des gestes d'une précision légèrement superflue : il jouait au barman. « Peut-être*

Sartre, Jouvet, Mme Simone Berriau, lors d'une répétition de Le Diable et le bon Dieu.

qu'il faut choisir : n'être rien ou jouer ce qu'on est. Ça serait terrible, se dit-il, on serait truqués par nature... » (L'âge de raison.)

Or, nous venons de le voir, Sartre ne pense nullement que nous soyons truqués « par nature ». Il n'y a pas pour lui de « nature humaine », mais une *condition humaine* — qui ne tend vers la nature, précisément, que dans la mesure où elle est subie sans être assumée, par une conscience de mauvaise foi qui ne vise qu'à se la dissimuler. L'homme, tout à la fois, fait partie de l'espèce humaine et annonce l'humanité : mais cette liberté qui de toute façon l'arrache à l'espèce, il lui faut l'employer à tendre vers l'espèce ou à dépasser l' « humain » vers l'humanité. Nous ne sommes truqués que si nous choisissons de l'être : notre conscience est déchirée mais il dépend d'elle que cette déchirure soit ou non paralysante. De sorte qu'Oreste, Hugo, Goetz et Mathieu apparaissent comme ayant su la reconnaître, mais comme ayant choisi pour y remédier — en ce qui concerne tout au moins les deux premiers — un moyen illusoire et de mauvaise foi. Goetz, lui, sans doute parviendra-t-il à l'assumer vraiment ; quant à Mathieu, la signification de son acte final restera en suspens du fait de sa mort. Ce qui en tout cas nous intéresse ici, c'est que les uns et les autres aient en effet reconnu cette déchirure au sein de leur propre conscience ; or il n'en est pas de même pour certains de leurs protagonistes et nous devons nous demander d'où procède l'espèce d'avantage qu'ils ont ainsi sur ces derniers. Écoutons Mathieu : « *Je ne sais pas souffrir, je ne souffre jamais assez.* » « *Ce qu'il y avait de plus pénible dans la souffrance, c'est qu'elle était un fantôme, on passait son temps à lui courir après, on croyait toujours qu'on allait l'atteindre et se jeter dedans et souffrir un bon coup en serrant les dents mais, au moment où l'on y tombait, elle s'échappait, on ne trouvait plus qu'un éparpillement de mots et des milliers de raisonnements affolés qui grouillaient minutieusement : « Ça bavarde dans ma tête, ça n'arrête pas de bavarder, je donnerais n'importe quoi pour pouvoir me taire. » Il regarda Boris avec envie ; derrière ce front buté, il devait y avoir d'énormes silences.* »

Et reconnaissons en lui Garcin l'intellectuel s'écriant : « *Plutôt cent morsures, plutôt le fouet, le vitriol, que cette souffrance de tête, ce fantôme de souffrance, qui frôle, qui caresse et qui ne fait jamais assez mal.* » Ou bien Hugo l'intellectuel se plaignant d'avoir sans cesse trop de pensées dans sa tête, et enviant Slick « *parce qu'il est fort et qu'il ne pense pas* » : « *Ce qu'il doit faire bon dans ta tête : pas un bruit, la nuit noire.* » Mathieu, Garcin, Hugo : trois intellectuels. Quant à Oreste, il débarque dans Argos avec son précepteur, pour que nous ne risquions pas d'oublier la culture qu'il a reçue, ou, plus précisément, qu'il n'a d'autre univers que celui de la culture. Mais Goetz ? Eh bien, Goetz est un *bâtard*, et ça revient au même. L'un comme l'autre, l'intellectuel et le bâtard sont en effet contraints de voir ce que les autres hommes parviennent à se dissimuler. « *Comme tu voudrais faire entrer toute cette nuit dans ta tête ! Comme je l'ai voulu !* » La bâtardise rend lucide (Goetz : « *Ceux qui me voient se fient rarement à ma parole : je dois avoir l'air trop intelligent pour la tenir...* ») et la lucidité rend bâtard, en mettant la conscience en porte-à-faux par rapport à l'action. Finalement, l'intellectuel-bâtard est un *traître* : il trahit l'action au nom de la pensée, mais en même temps il ne rêve que d'abolir en lui la pensée par le recours à quelque action sensationnelle. « *Bien sûr que les bâtards trahissent*, proclame Goetz : *que veux-tu qu'ils fassent d'autre ? Moi, je suis agent double de naissance.* »

Cette sorte d'identité qui nous est ainsi apparue entre l'intellectuel, le bâtard, le comédien et le traître, nous au-

rons à la préciser et, surtout, à nous demander selon quelles voies l'intellectuel et le bâtard peuvent dépasser leur traîtrise, s'affranchir de ce jeu qui les truque, s'arracher enfin au domaine des gestes et du *théâtral* pour accéder à celui des actes et du monde réel.

Pour le moment, nous remarquerons que chez Goetz la traîtrise se redouble : ce n'est plus seulement une traîtrise de situation, c'est le choix même de trahir. Heinrich lui demande pourquoi il a trahi son frère Conrad : « *Parce que j'ai le goût du définitif... Je me suis fait moi-même : bâtard, je l'étais de naissance, mais le beau titre de fratricide, je ne le dois qu'à mes mérites.* » Tel est son choix premier du Mal, comme refus de ce monde qui ne veut pas de lui. Mais il y a autre chose encore : il y a le ressentiment de celui qui a reçu, et à qui l'on a fait sentir qu'il n'avait aucun droit à recevoir. Humilié durant toute son enfance par cette générosité truquée, Goetz veillera jalousement à ne plus recevoir aucun don, mais en même temps il s'emploiera à donner pour humilier à son tour :

GOETZ. — *Je n'accepterai plus rien, pas même les faveurs d'une femme.*

CATHERINE. — *Pourquoi ?*

GOETZ. — *Parce que j'ai trop reçu. Pendant vingt ans, ils m'ont tout donné gracieusement, jusqu'à l'air que je respirais : un bâtard, il faut que ça baise la main qui le nourrit. Oh ! comme je vais donner à présent ! Comme je vais donner !* [1]

Et c'est en écho à ses propres paroles que Goetz, une fois passé au Bien et envisageant de redistribuer aux paysans qui y travaillent le domaine familial reconquis, s'écriera : « *Je les donnerai, ces terres : comme je vais les donner !* » Or ce même Goetz était bien placé pour savoir que ce qu'on reçoit de la sorte est proprement inacceptable : « *Il aurait fallu me payer cher pour que j'accepte d'en hériter. Ce qui est à moi, c'est ce que je prends.* » Mais le voici maintenant qui prétend imposer à d'autres hommes son amour et ses sentiments de fraternité : c'est qu'à vrai dire il méprise ces hommes. Il prétend vouloir les sauver, mais, tout comme Oreste, tout comme Hugo, il ne se préoccupe en fait que de son propre salut : « *Et qu'est-ce*

---

1. « *Le geste du don nous sépare des hommes ; il n'engendre pas de réciprocité...* » (*Saint Genet*, p. 535). Et cf. la remarque de Hugo : « *C'est si commode de donner : ça tient à distance.* »

que je deviendrai, moi, si l'on m'ôte les moyens de faire le Bien ? »

Goetz a subi la « générosité » des autres au point de ne plus pouvoir supporter d'être aimé même par une femme. Il a connu et enduré cette forme d'amour qui ne feint de s'adresser à un être que pour jouir de soi. « Qu'ai-je à faire d'être aimé ? » dit-il à Catherine. « Si tu m'aimes, c'est toi qui auras tout le plaisir... je ne veux pas qu'on profite de moi. » Ainsi en est-il venu à ne pouvoir supporter ni qu'on lui donne quoi que ce soit, ni qu'un être, quel qu'il soit, se donne à lui. Des êtres comme des choses il lui faut s'emparer de force; et de Dieu même, l'éventuelle indulgence lui fait horreur : « Il ne me pardonnera pas malgré moi. » Finalement, la violence à l'égard d'autrui est à ses yeux le seul moyen de n'être pas violé, utilisé, traité en objet par la « bonté » d'autrui.

CATHERINE. — Pourquoi veux-tu toujours arracher ce qu'on t'accorderait peut-être de bonne grâce ?

GOETZ. — Pour être sûr qu'on me l'accordera de mauvaise grâce.

Tel est ce Goetz qui, ayant maintenant choisi de faire le Bien, ne va pas tarder à déclarer : « Le Bien se fera contre tous. » Contre les paysans, en tout premier lieu, et contre Karl, son ancien valet de chambre, qui les excite à la révolte : « Je t'en foutrai, de l'amour. Conrad était dur et brutal, mais ses insultes m'offensaient moins que ta bonté. » Et nous allons retrouver ici le même désespoir que nous avions rencontré chez Hugo, qui, étant coupé de son milieu bourgeois, ne parvenait pas à se faire admettre dans le milieu prolétarien : « Si fiers que soient les hobereaux qui me haïssent, vous êtes encore plus fiers et j'aurais moins de mal à entrer dans leur caste que dans la vôtre. »

N'importe : Goetz les aimera malgré eux. On lui explique qu'en donnant ses terres, il va provoquer à travers toute l'Allemagne la révolte des paysans contre les seigneurs, et que les paysans, n'étant pas encore en mesure d'affronter utilement la puissance des seigneurs, risquent d'être exterminés. Mais pour Goetz la question n'est pas là : il sera Dieu ou rien. « Je livre la bataille du Bien et je prétends la gagner tout de suite et sans effusion de sang... Je ne ferai pas le Bien à la petite semaine. » A vrai dire, Goetz n'avoue pas son besoin d'être Dieu : il se désigne plutôt comme l'instrument de Dieu. « Le Seigneur m'a choisi pour

effacer notre péché originel... Dieu m'a donné mandat d'é-
blouir et j'éblouirai, je saignerai de la lumière. Je suis un
charbon ardent, le souffle de Dieu m'attise, je brûle vif. »
Mais la tentation démiurgique est ici évidente ; et sans
doute se prend-il en fin de compte pour Dieu lui-même,
celui qui ose se dire mandaté par Dieu pour imposer
l'amour aux hommes. Goetz est en plein dans l'héroïsme,
dans la démesure et dans le mythe lorsqu'il affirme : « *Et*
moi je dis, en vérité, il suffit qu'un homme aime tous les hommes
d'un amour sans partage pour que cet amour s'étende de proche
en proche à toute l'humanité. » Et la protestation de Nasty
rappelle ici celle de Hoederer devant le fanatique souci de
pureté de Hugo : « *C'est un faux prophète, un suppôt du*
Diable, celui qui dit : je ferai ce que je crois bon, dût le monde
en périr. »

Goetz établit donc sa communauté-modèle, « la Cité
du Soleil ». L'amour en est la loi, mais c'est un amour à
usage interne, en circuit fermé, un amour indifférent aux
souffrances des autres hommes partout alentour. Quand la
guerre éclate entre les paysans et les barons, les paysans
de Goetz — formés par lui à tenir la violence pour injuste —
se refusent à prendre parti. Mais Karl leur demande si,
en condamnant les violences de leurs frères, ils n'approu-
vent pas implicitement les violences des barons :

L'INSTRUCTEUR. — *Non, certes.*

KARL. — *Il le faut bien, puisque vous ne voulez pas qu'elles*
cessent.

L'INSTRUCTEUR. — *Nous voulons qu'elles cessent par la*
volonté des barons eux-mêmes. (...)

KARL. — *Et d'ici là, qu'est-ce que les paysans doivent*
faire ?

L'INSTRUCTEUR. — *Se soumettre, attendre et prier.*

KARL. — *Traîtres, vous voilà démasqués ! vous n'avez*
d'amour que pour vous-mêmes.

Le refus de la violence chez Goetz évoque ici le refus
du mensonge chez Hugo. C'est une attitude idéaliste dans
un cas comme dans l'autre, et ce n'est qu'illusoirement
qu'ils semblent se séparer sur le chapitre de la violence :
car la violence dont rêve Hugo est une violence catastro-
phique, *inopérante*, et Goetz rêve tout pareillement de

violer le monde humain en faisant fondre sur lui un Amour absolu qui l'apparente à Dieu mais qui demeure inefficace. Finalement, ici comme là, il ne s'agit que d'amour de soi et d'indifférence au sort d'autrui. Hugo méprisait les hommes et Goetz les méprise aussi : s'il veut forcer leur amour, c'est pour se venger d'avoir été aimé malgré lui et c'est pour être Dieu sous leurs regards. Ou, ce qui revient au même, *être*, lui seul et pleinement lui-même, *sous le regard de Dieu*. Être Dieu, ou l'Élu de Dieu, c'est-à-dire accéder enfin à la réconciliation des deux moitiés de son être, à la parfaite coïncidence avec soi.

Cette recherche à tout prix de l'être, c'est une attitude d'échec : celle-là même qui fait de l'homme « *une passion inutile* ». Goetz n'a cependant pas choisi la passivité : au contraire de Hugo, il s'est montré capable d'agir. Mais comme il n'agit que pour *être* (être le Diable ou être Dieu), ses actes s'effondrent en eux-mêmes et perdent toute consistance : l'objectif qu'ils poursuivent dans la réalité n'est qu'un prétexte, et c'est *ailleurs* qu'ils s'efforcent de capturer leur véritable objet. Ainsi l'idéaliste apparaît-il comme un conservateur, puisque, feignant de projeter une transformation radicale du monde au nom de grands principes ou (plus ambitieusement) au nom même de l'Amour, il ne vise en fait qu'à prendre l'être au piège, qu'à s'approprier magiquement l'être du monde. Qu'il se réclame du Mal ou qu'il se réclame du Bien, du point de vue des hommes réels Goetz n'est jamais — comme le lui disait Nasty avant sa « conversion » — qu' « *un vacarme inutile* ». Beaucoup de bruit pour rien, et l'échec à tous les tournants. La Cité du Soleil sera brûlée par les paysans en guerre, et tous ses habitants tués pour avoir refusé de se joindre à eux. Goetz devient l'homme le plus détesté de toute l'Allemagne pour avoir refusé de prendre la tête de leurs troupes et ses tentatives de sainteté, d'ascétisme, avortent lamentablement. Quand enfin Heinrich, au bout d'un an et un jour, reviendra pour juger Goetz sur la façon dont il a tenu son pari, c'est Goetz lui-même qui lui soufflera le réquisitoire. Car il comprend qu'il a triché toute sa vie, qu'il ne pouvait donner vraiment des terres qui n'étaient pas les siennes et que les paysans ne les ont pas vraiment reçues puisqu'ils n'ont pas les moyens de les conserver ; que ne pouvant jouir de ces biens il a voulu les faire servir du moins à une comédie de dépouillement, qu'il n'a donné que pour détruire et qu'il a voulu que sa bonté fût plus dévastatrice que ses vices; qu'il a toujours détesté les pauvres, qu'il a voulu exploiter leur gratitude pour les asservir et qu'après avoir violé les âmes par la torture il avait entrepris de les violer par le Bien.

... Monstre ou saint, je m'en foutais, je voulais être inhumain... J'ai voulu étonner le Ciel pour échapper au mépris des hommes... (Imitant Heinrich :) *Tu n'as pas changé de peau, Goetz, tu as changé de langage. Tu as nommé amour ta haine des hommes et générosité ta rage de destruction. Mais tu es resté pareil à toi-même, pareil : rien d'autre qu'un bâtard.*

Un bâtard, — un cabotin : « *... Tout n'était que mensonge et comédie. Je n'ai pas agi ! j'ai fait des gestes.* » Mais ce cabotin va manifester ici que tout n'est pas, en lui, cabotinage. Sa lucidité même a pour ressort une profonde exigence : « *Seigneur, si vous nous refusez les moyens de bien faire, pourquoi nous en avez-vous donné l'âpre désir ? Si vous n'avez pas permis que je devienne bon, d'où vient que vous m'ayez ôté l'envie d'être méchant ?... Curieux tout de même qu'il n'y ait pas d'issue.* »

L'issue, Goetz ne tardera plus à l'inventer. Mais il lui faut auparavant se délivrer de son public, s'arracher à la fascination de la galerie, se retrouver sur terre, au niveau d'une existence réelle. Or son public c'était Dieu : « *Je me demandais à chaque minute ce que je pouvais être aux yeux de Dieu. A présent je connais la réponse ! rien. Dieu ne me voit pas. Dieu ne m'entend pas, Dieu ne me connaît pas... Le silence, c'est Dieu. L'absence, c'est Dieu. Dieu, c'est la solitude des hommes. Si Dieu existe, l'homme est néant ; si l'homme existe... Heinrich, je vais te faire connaître une espièglerie considérable : Dieu n'existe pas.* »

Pour la première fois, Goetz va se sentir solidaire des autres hommes, embarqué avec eux. «*... Je nous délivre. Plus de Ciel, plus d'Enfer : rien que la Terre.* » Et cette délivrance inaugure sa véritable conversion :

GOETZ. — *Je recommence tout.*

HEINRICH, sursautant. — *Tu recommences quoi ?*

GOETZ. — *La vie.*

Et comme Heinrich, qui s'est choisi damné par Dieu pour échapper au jugement des hommes, ne veut pas lui laisser cette chance, Goetz se défend contre lui et le tue. Ainsi cette nouvelle vie commence-t-elle sur un meurtre :

« *La comédie du Bien s'est terminée par un assassinat ; tant
mieux, je ne pourrai pas revenir en arrière.* »

Goetz, donc, veut sincèrement « *être un homme parmi
les hommes* ». Il a compris l'absurdité de la non-violence
et qu'il faut « *commencer par le commencement* », c'est-à-
dire par le crime : « *Les hommes d'aujourd'hui naissent cri-
minels, il faut que je revendique ma part de leurs crimes si je
veux ma part de leur amour et de leurs vertus. Je voulais
l'amour pur : niaiserie ; s'aimer, c'est haïr le même ennemi :
j'épouserai donc votre haine. Je voulais le Bien : sottise ; sur
cette terre et dans ce temps, le Bien et le Mauvais sont insé-
parables : j'accepte d'être mauvais pour être bon.* » C'est ce
que disait Nasty tout au début : « *Il est trop tôt pour aimer.
Nous en achèterons le droit en versant le sang.* » Et Sartre
le redira dans *Saint Genet* : « *Nous ne sommes pas des anges
et nous. n'avons pas le droit de « comprendre » nos ennemis,
nous n'avons pas encore le droit d'aimer tous les hommes.* »

Pourtant, Goetz n'a pas encore tout compris : il lui reste
un dernier pas à franchir. Nasty, le chef des paysans, est
venu le chercher parce qu'il n'y a que lui qui puisse redresser la situation. C'est à ses capacités de chef que l'on
fait appel, et Goetz ne veut plus être un chef : « *Je demande
à servir sous tes ordres comme simple soldat... Je ne suis pas
né pour commander. Je veux obéir.* » On reconnaît, bien sûr,
le besoin de discipline que nous avions noté chez Hugo :
besoin d'étourdir et de mater une conscience trop agile.
Mais il y a autre chose. Quand Goetz était un chef, c'était
pour dominer les autres : soucieux maintenant d'égalité
et ne voulant plus être qu'un homme parmi les hommes,
il a besoin d'humilier en lui le chef et de l'abaisser jusqu'au
soldat ; pareillement, il n'imagine d'autre moyen pour
échapper à sa solitude que de se fondre dans la masse.
Simple rémanence, mais fort significative, de son attitude passée :

GOETZ. — *... Les chefs sont seuls : moi, je veux des hommes
partout : autour de moi, au-dessus de moi, et qu'ils me cachent
le ciel. Nasty, permets-moi d'être n'importe qui.*

NASTY. — *Mais tu es n'importe qui. Crois-tu qu'un chef
vaille plus qu'un autre ?*

Cette fois, Goetz n'a plus d'échappatoire. Le piège de
la situation s'est complètement refermé sur lui ; les données
du problème sont enfin atteintes et définies dans toute leur
pureté. Il faut que Goetz décide s'il aime ou méprise les

hommes : s'il leur préfère la valeur absolue de son attitude et la signification pour lui-même de son engagement parmi eux, c'est qu'il n'a pas cessé de les mépriser ; mais s'il choisit l'amour, ce sera pour se préoccuper dès lors non plus de ce qu'il se fera être en les aidant mais de ce qu'il fera pour les aider. Il ne lui est pas demandé de s'humilier dans l'obéissance et l'anonymat mais bien de renoncer à mettre en avant ce souci de lui-même qui jusque-là a transformé en gestes tous ses actes. Que va-t-il décider ? Sa solitude est totale, puisque Dieu est mort et qu'il ne pourra même pas — s'il entreprend d'aider ces hommes — partager avec eux cette conscience de leur commune condition. Mais au moment même où il atteint au désespoir, Goetz découvre que Nasty lui-même est seul — *«... moi qui hais le mensonge, je mens à mes frères pour leur donner le courage de se faire tuer dans une guerre que je hais »* — et sans recours contre sa solitude, sa défaite et son angoisse. Nasty est le chef reconnu des paysans, il a toujours été à l'aise parmi eux ; et voici pourtant qu'il désespère, tout comme Goetz. En cet homme qui, pour la première fois, souffre justement d'être coupé des hommes, Goetz aperçoit enfin que la solitude n'est pas son privilège, qu'elle n'est pas *son* mal mais la condition même que doit en permanence affronter celui qui entreprend de rencontrer les autres. *« Je prends le commandement de l'armée. »*

Et comme l'un des chefs refuse de lui obéir, il le poignarde ; puis il prévient les autres, dont certains envisageaient déjà d'abandonner la lutte, qu'il ne tolèrera pas la moindre défaillance parmi les troupes.

GOETZ. — *... Proclamez sur l'heure qu'on pendra tout soldat qui tentera de déserter... Nous serons sûrs de la victoire quand vos hommes auront plus peur de moi que de l'ennemi... Voilà le règne de l'homme qui commence. Beau début. Allons, Nasty, je serai bourreau et boucher.*

Il a une brève défaillance.

NASTY, lui mettant la main sur l'épaule. — *Goetz...*

GOETZ. — *N'aie pas peur, je ne flancherai pas. Je leur ferai horreur puisque je n'ai pas d'autre manière de les aimer, je leur donnerai des ordres puisque je n'ai pas d'autre manière d'obéir, je resterai seul avec ce ciel vide au-dessus de ma tête, puisque je n'ai pas d'autre manière d'être avec tous. Il y a cette guerre à faire et je la ferai.*

Nous consacrerons plus loin quelques pages à l'athéisme sartrien, et nous avons déjà entrevu que sa signification essentielle est dans le souci pratique de réaliser l'humanité, de fonder le règne humain. Mais il ne semble pas inutile, avant de quitter *Le Diable et le bon Dieu*, de préciser quelque peu les rapports entre ce souci pratique et l'amour des hommes, dont il est si souvent question dans cette pièce.

« *J'ai fait les gestes de l'amour*, se plaignait Goetz, *mais l'amour n'est pas venu : il faut croire que je ne suis pas doué.* » Il faut croire, surtout, qu'il y avait eu de sa part quelque méprise sur l'amour. Une méprise assez semblable à celle de Hugo déclarant : «... *Quant aux hommes, ce n'est pas ce qu'ils sont qui m'intéresse mais ce qu'ils pourront devenir.* » Une méprise qui procède d'un mépris. On se souvient de la réponse de Hoederer : « « *Et moi je les aime pour ce qu'ils sont. Avec toutes leurs saloperies et tous leurs vices.* » Or tout se passe comme si Goetz s'efforçait d'éprouver pour eux les sentiments de Hoederer mais selon l'attitude de Hugo. Bien entendu, il ne saurait y parvenir, et il les méprise d'autant plus qu'il échoue davantage à les trouver aimables. Mais c'est qu'en fait, lorsqu'il prétend les aimer tels qu'ils sont, il se fie à la toute-puissance de son amour — de son *intention* d'aimer — pour les transformer déjà jusqu'à les rendre aimables : d'où sa rage, contre lui-même plus encore que contre eux, lorsqu'il s'aperçoit qu'ils ne le sont pas. Hoederer aime en eux tout ce qu'ils sont ; Goetz n'aime en eux que cette pâte humaine que son amour prétend modeler à sa guise. L'Amour de Goetz, c'est la Révolution de Hugo : il faudra bien que les hommes s'y plient. Mais il se trouve que les hommes, et d'autant plus qu'ils ont pris conscience de leur infériorité, n'aiment pas l'Amour qui leur tombe dessus, et que si la Révolution peut être pensée de trente-six façons par des tas de gens qui ont des loisirs pour s'en inquiéter, ce sont tout de même, en fin de compte, ceux-là seuls qui en ont vraiment besoin qui la décident et qui la font. Il se trouve, autrement dit, que les hommes — quelles que soient leur veulerie, leurs tares et leur médiocrité — finissent toujours par refuser d'être pâte humaine et matière première entre les mains de ces artistes qui si noblement se préoccupent de sculpter à leur place « leur » avenir. Et voici, par exemple, ce qu'ils pensent de l'amour que certains prétendent leur porter :

GOETZ. — ... *C'est pour l'amour de toi et de tes frères que je me suis dépouillé de mes biens.*

KARL. — *Tu m'aimes donc ?*

GOETZ. — *Oui, mon frère, je t'aime.*

KARL, triomphant. — *Il s'est trahi, mes frères ! Il nous ment ! Regardez ma gueule et dites-moi comment on pourrait m'aimer. Et vous, les gars, vous tous tant que vous êtes, croyez-vous que vous êtes aimables ?*

Ce que Goetz s'était tout d'abord dissimulé c'est que, pour pouvoir aimer les hommes, il faut d'abord s'être mis *à leur portée* : à portée de leurs coups, cela peut suffire. Mais lui, il avait voulu se tenir au-dessus d'eux et les aimer tout en les jugeant, tout en les méprisant, — les aimer en dépit d'eux-mêmes. L'amour n'est ni un droit, ni un luxe, ni un devoir de morale : l'amour s'adresse à autrui et n'est amour que s'il tient compte de lui. On n'aime pas si l'on décide d'aimer pour soi seul, si ceux que l'on aime ne sont pas en mesure de vous aimer pareillement. L'amour exige la réciprocité, et il n'y a de réciprocité qu'entre des *consciences engagées*, quelles que soient leurs situations respectives, dans une commune entreprise. Goetz n'était pas dans le monde de ces hommes qu'il voulait aimer, parce qu'il n'avait rien entrepris *avec* eux. Ainsi était-il demeuré pour eux le seigneur, celui qui, quoi qu'il fasse, ne serait jamais leur égal :

Celui-ci vous a donné ses terres.
Mais vous pouviez-vous lui donner les vôtres ?
Il pouvait choisir de donner ou de garder.
Mais vous, pouviez-vous refuser ?
A celui qui donne un baiser ou un coup
Rendez un baiser ou un coup
Mais à celui qui donne sans que vous puissiez rendre
Offrez toute la haine de votre cœur.
Car vous étiez esclave et il vous asservit
Car vous étiez humiliés et il vous humilie davantage.

Peut-être mesure-t-on les éventuelles conséquences, sous le rapport de l'athéisme, d'une réaction de cet ordre, dirigée non plus contre l'amour de tel ou tel homme mais contre la croyance en un « Dieu d'Amour »...

Si Goetz est un imposteur, c'est qu'il est né dans l'imposture, c'est que le monde, dès qu'il y est apparu, lui a rendu toute vraie posture impossible. S'il triche c'est qu'il est truqué. Si son amour est tordu sur lui-même et s'il ignore la modestie, c'est qu'il n'a été aimé que par bienfaisance : par des hommes qui, le tenant pour un déchet, se glorifiaient de l'aimer tout de même. Ainsi a-t-il été d'emblée atteint jusqu'au plus secret de lui-même par ce regard d'autrui, sous lequel il se découvrait à la fois objet de mépris et prétexte à de nobles attitudes. La fausseté, chez lui, n'est pas le fruit d'un caprice : c'est un statut quasi-originel ; car il n'était certes pas truqué « *par nature* », comme Mathieu craignait de l'être, mais c'est la Société qui, dès son enfance, l'a truqué en ne le recevant parmi elle que pour lui faire à tout moment sentir qu'il en était exclu. Il y a d'ailleurs dans l'œuvre même de Sartre un répondant pour cette situation : Goetz-le-Bâtard est un personnage de théâtre, mais Jean Genet est une personne réelle et son aventure réelle offre d'assez frappantes analogies avec le drame de Goetz.

Jacques-Laurent Bost, Jean Cau, Jean Genet, Sartre, au bar du Pont-Royal.

Enfant abandonné, enfant de l'Assistance publique, Jean Genet, confié à une famille paysanne du Morvan, est traité de voleur pour un menu larcin qu'il commet aux environs de sa dixième année. Il volait sans le savoir, comme un somnambule, pour remédier à sa solitude et à son angoisse, pour se donner l'impression de détenir ce monde qui n'était pas le sien, où on le recevait mais sans qu'il y pût jamais se sentir chez soi.

Voici qu'un tiroir s'ouvre ; une petite main s'avance...

Pris la main dans le sac : *quelqu'un est entré qui le regarde. Sous ce regard l'enfant revient à lui. Il n'était encore personne, il devient tout à coup Jean Genet. Il se sent aveuglant, assourdissant : il est un phare, une sonnette d'alarme qui n'en finit pas de carillonner.* Qui est Jean Genet ? Dans un moment tout le village le saura... Seul, l'enfant l'ignore, il continue dans la peur et la honte son tintamarre de réveille-matin. Soudain

... un mot vertigineux
Venu du fond du monde abolit le bel ordre...

Une voix déclare publiquement : « Tu es un voleur ». Il a dix ans.

Cela s'est passé ainsi ou autrement. Selon toute vraisemblance il y a eu des fautes et des châtiments, des serments solennels et des rechutes. Peu importe : ce qui compte, c'est que Genet a vécu et ne cesse de revivre cette période de sa vie comme si elle n'avait duré qu'un instant.

C'est l'instant du réveil : l'enfant somnambule ouvre les yeux et s'aperçoit qu'il vole. On lui découvre qu'il est un voleur et il plaide coupable, écrasé par un sophisme qu'il ne peut pas réfuter : il a volé, il est donc voleur : quoi de plus évident ? Ébahi, Genet considère son acte, le retourne sous toutes les faces ; il n'y a pas de doute : c'est un vol. Et le vol est un délit, un crime. Ce qu'il voulait, c'était voler ; ce qu'il faisait, c'était un vol ; ce qu'il était : un voleur. Une voix timide proteste encore en lui : il ne reconnaît pas son intention. Mais bientôt la voix se tait : l'acte est si lumineux, si nettement défini qu'on ne peut se tromper sur sa nature. Il essaie de revenir en arrière, de se comprendre : mais il est trop tard ; il ne se retrouve plus. Ce présent éblouissant d'évidence confère sa signification au passé : Genet se rappelle à présent qu'il a cyniquement décidé de voler. Que s'est-il produit ? Presque rien en somme : une action entreprise sans réflexion, conçue et menée dans l'intimité secrète et silencieuse où il se réfugie souvent, vient de passer à l'objectif. *Genet apprend ce qu'il est objectivement. C'est ce* passage *qui va décider de sa vie entière.*

A l'instant s'opère la métamorphose : il n'est rien de plus que ce qu'il était, pourtant le voilà méconnaissable. Chassé du paradis perdu, exilé de l'enfance, de l'immédiat, condamné à se voir, pourvu soudain d'un « moi » monstrueux et coupable, isolé, séparé, bref, changé en vermine... La honte du petit Genet lui découvre l'éternité : il est voleur de naissance, il le demeurera jusqu'à sa mort ; le temps n'est qu'un songe : sa nature mauvaise s'y réfracte en mille éclats, en mille petits larcins mais elle n'appartient pas à l'ordre temporel ; Genet est un voleur : voilà sa vérité, son essence éternelle. Et, s'il est voleur, il faut donc qu'il le soit toujours, partout : non pas seulement quand il vole, mais quand il mange, quand il dort, quand il embrasse sa mère adoptive ; chacun de ses gestes le trahit, révèle au grand jour sa nature infecte : à tout moment l'instituteur peut interrompre sa dictée, regarder Genet dans les yeux et s'écrier d'une voix forte : « Mais voilà un voleur ! » En vain croirait-il mériter l'indulgence en avouant ses fautes, en dominant la perversité de ses instincts : tous les mouvements de son cœur sont également coupables parce que tous expriment également son essence.

Il faudrait suivre d'un bout à l'autre cette patiente description où Sartre nous montre l'enfant Genet devenant au plus profond de lui-même *objet pour les autres,* étranger à soi, autre que soi. Car on l'a convaincu qu'il était le Mal, mais le Mal justement c'est l'Autre, c'est ce qu'on ne peut jamais être. « *Le résultat le plus immédiat c'est que l'enfant est truqué.* » Sa vérité pour les autres — cette vérité qui lui vient du dehors, cette sentence — contredit sa plus intime certitude de soi, et c'est la seconde qu'il va sacrifier à la première. Il ne se *sent* pas méchant, mais il est seul contre tous et il faut bien que ce soit les autres qui aient raison : les autres, les honnêtes gens, les gens de bien, les justes, ceux qui font le monde et qui en sont les propriétaires. Il mettra donc tout son zèle à révoquer en doute, à passer sous silence ce qui est pour lui l'évidence même. C'est le nègre se sentant coupable devant les blancs, et c'est Lizzie le tenant pour coupable parce que la Société le tient pour tel : « *Il faut tout de*

*même que tu sois un drôle de paroissien pour avoir toute une
ville après toi... Ils disent qu'un nègre a toujours fait quelque
chose... Tout de même, une ville entière, ça ne peut pas avoir
complètement tort...* »

Et Lizzie avoue qu'elle n'y comprend plus rien, qu'elle
ne sait plus où elle en est. Mais le saurait-elle, c'est en
vain qu'elle tenterait de l'expliquer aux autres. Goetz
enfant a dû lui aussi vouloir se faire comprendre ; mais
en vain : les honnêtes gens ne peuvent *comprendre* ceux
qu'ils ont qualifiés de méchants, car ce serait admettre
la possibilité pour eux de l'être aussi. Ayant placé le mal
ailleurs, l'ayant projeté sur certains êtres, ils se refusent
à considérer ces êtres comme ambigus, à la fois bons et
mauvais, pour n'avoir pas à découvrir les compromissions
et les mensonges de leur propre honnêteté. En fait, Sartre
n'a pas mis en scène l'enfance de Goetz, mais voici
l'enfant Genet s'efforçant de communiquer à d'autres la
connaissance de son état :

*Il a dû s'écrier plus d'une fois qu'il était malheureux...
Que voulait-il dire au juste ? Qu'il se perdait en lui-même,
qu'il ne parvenait pas à se sentir coupable et que, pourtant,
il s'appliquait à se juger sévèrement, qu'il lui semblait à
la fois être un monstre et une victime innocente, qu'il n'avait
plus confiance dans sa volonté de s'amender et que pourtant
il avait une peur atroce de son destin, qu'il avait honte, qu'il
souhaitait que sa faute fût effacée tout en la sachant irrémédiable, qu'il mourait d'envie d'aimer, d'être aimé, qu'il
souffrait par-dessus tout de cette exclusion atroce et incom-
préhensible, qu'il suppliait qu'on le fît rentrer au sein de la
communauté et qu'on le laissât retrouver son innocence.
Or, voilà justement qui n'est pas communicable. Comprendre
vraiment le malheur de Genet, ce serait renoncer au mani-
chéisme, à l'idée commode du Mal, à l'orgueil d'être honnête,
révoquer le jugement de la communauté, casser son arrêt.
il faudrait que les honnêtes gens eussent honte d'eux-mêmes ;
Il faudrait enfin qu'ils admissent la réciprocité. Le malheur d'une veuve, d'un orphelin, voilà qu'on a plaisir à
comprendre : dès demain nous pouvons perdre notre père,
notre femme, notre enfant ; ce sont des malheurs admis qui
comportent un cérémonial connu de tous. Mais comprendre
le malheur d'un jeune voleur, ce serait admettre que je
puisse voler à mon tour. Il va de soi que les honnêtes gens
s'y refusent : « C'est bien fait ! Tu n'avais qu'à ne pas voler.*

Tu mérites tout ce qui t'arrive. » *L'homme de bien s'en va, l'enfant reste seul.*

« *Son aventure c'est d'avoir été nommé.* » L'aventure de Genet, nommé voleur ; de Goetz, nommé bâtard ; du Noir, traité de nègre. « *J'étais voleur*, dit Genet : *je serai le Voleur.* » Je suis né bâtard, dit Goetz : je serai le Traître. « *Sale nègre ! dit un poète noir. Eh bien oui ! je suis un sale nègre et j'aime mieux ma négritude que la blancheur de votre peau.* » Mais que signifie pour Sartre une telle attitude ? Dans son projet même, dans sa prétention à l'Absolu, elle lui paraît vouée à l'échec : « *Ce réalisme dur et cynique, précisément parce qu'il s'acharne à vouloir la totalité du réel, demeure totalement inefficace.* » Au surplus, « *le caractè-e commun de ces réactions d'agressivité, c'est qu'elles viennent trop tard... Lorsque Genet prend la résolution de voler, il a déjà perdu l'initiative.* » Enfin, nous avons vu que Goetz était à la fois idéaliste et conservateur : c'est le cas de tous les intouchables, de tous les parias, lorsqu'ils choisissent de reprendre à leur compte « *l'ostracisme dont ils ont été victimes pour n'en pas laisser l'initiative à leurs oppresseurs* ».

Le Noir brandit vainement sa négritude aussi longtemps que les blancs conservent sur lui une domination effective. La solitude de Goetz retomberait au choix absurde d'être seul, s'il n'entreprenait de la vivre en la mettant au service des paysans. Et la victoire de Genet sur la Société, sanctionnée par le snobisme des bourgeois et l'amitié de quelques intellectuels, ne serait qu'une victoire abstraite, à la fois totale et totalement inopérante, s'il n'en tirait parti — trahissant cette fois en pleine réalité — pour contraindre *cette société bourgeoise* à découvrir sa propre image dans le regard de ses victimes.

L'aventure personnelle d'un homme, si singulière soit-elle, ne prend valeur humaine que du moment où elle le met en mesure de reconnaître les autres hommes et de vouloir l'humanité. Reste que toute aventure est singulière, et que c'est d'abord une même chose, pour chacun de nous, d'affronter le monde (la situation qui lui est faite dans le monde) et d'affronter sa propre solitude. Les autres, bien sûr, sont là dès le départ ; ils étaient *déjà là* ; ils hantaient notre conscience avant même qu'elle ne devînt effectivement conscience de soi. Reste que « *l'im-portant n'est pas ce qu'on fait de nous mais ce que nous faisons nous-même de ce qu'on a fait de nous* ». Et l'on saisit ici en quoi Sartre a pu être passionné — réellement atteint — par l'aventure de Genet. Cinquante passages de son livre en témoignent ; citons-en quelques-uns.

Cette stupeur enfantine..., l'éclatement de cette petite âme désespérée..., le jeune Caïn, l'enfant maudit, l'enfant traqué, l'enfant truqué...

Par l'option qu'ils ont prise sur son être les honnêtes gens ont mis un enfant dans la nécessité de décider prématurément de lui-même... Il a choisi de vivre, il a dit contre tous : je serai le Voleur. J'admire profondément cet enfant qui s'est voulu, sans défaillance, à l'âge où nous n'étions occupés qu'à bouffonner servilement pour plaire. Une volonté si farouche de survivre, un courage si pur, une confiance si folle au sein du désespoir porteront leur fruit : de cette réso-lution absurde naîtra vingt ans plus tard le poète Jean Genet.

... L'inversion n'est pas l'effet d'un choix prénatal, ni d'une malformation endocrinienne, ni même le résultat passif et déterminé de complexes : c'est une issue qu'un enfant découvre au moment d'étouffer.

Traité de voleur à dix-sept ans, Genet eût rigolé : c'est l'âge où on liquide les valeurs paternelles... Mais c'est un enfant qu'on a surpris, un tout jeune enfant, timide, respec-tueux, bien pensant. Élevé dans la religion, dans les meilleurs principes, on lui a inculqué un amour si passionné du Bien qu'il souhaite la sainteté plutôt que la fortune. Il n'a pas non plus la ressource de se défendre en accusant : les adultes sont des dieux pour cette petite âme religieuse. Il est fait comme un rat : la morale au nom de laquelle on le condamne, on la lui a si profondément inculquée qu'elle fait corps avec lui... Au pire de ses égarements il demeurera fidèle à la morale de son enfance ; il la bafouera, peut-être, il la haïra, il tentera de l'entraîner avec lui dans l'ordure : mais « la crise originelle » l'a gravée en lui comme un fer rouge. Quoi qu'il arrive, désormais, quoi qu'il fasse, quelque issue qu'il invente, une chose lui demeure interdite : s'accepter. La loi de sa cons-cience est le déchirement. Jusqu'à la « crise », il vivait dans la « douce confusion » de l'immédiat, il ignorait qu'il fût une personne : il l'apprend et, du même coup, que cette personne est un monstre... Sous le doigt qui l'accuse, c'est tout un pour le petit voleur de découvrir qu'il est soi-même et qu'il est autre que tous... Pour comble d'ironie, la solitude atroce de l'enfant suscite une entente plus exquise chez ceux qui le condamnent : quand ils baptisent un méchant, les honnêtes gens sont à la fête, ils se serrent les coudes pour mieux lui barrer le passage, pour un peu ils iraient jusqu'à s'aimer... Il fait horreur aux gens de bien mais il ne saurait avoir horreur d'eux. Le seul sentiment qu'il conserve en son cœur, c'est l'amour. Un amour humilié, interdit, qui cherche honteusement, humblement des occasions de se manifester... L'enfant aime ses juges, il cherche à se rapprocher d'eux, à se fondre jusqu'à perdre conscience dans cette unanimité qu'il a faite : il ne trouve pas d'autre moyen que de partager le dégoût qu'il leur inspire, que de se mépriser avec leur mépris. Le piège fonctionne bien, Genet se déchire de ses propres mains ; le voilà devenu un objet absolu d'horreur.

A cet homunculus *une seule question se pose : l'homme ; l'enfant Genet est un produit inhumain dont l'homme est l'unique problème. Comment se faire accepter par les hommes ? Comment devenir un homme ? Comment devenir soi-même ?*

Il ne comprend rien à ce qui lui arrive, il se cherche à tâtons et ne se trouve pas : un enfant mort lui sourit tristement de l'autre côté d'une vitre, les sentiers qui menaient au bois sont barrés ; une malédiction, une culpabilité atroce l'écrasent : il est un monstre, il sent passer sur sa nuque le souffle de ce monstre, il se retourne et ne trouve personne ; tout le monde peut voir l'énorme vermine, lui seul ne la voit pas. Autre que tous les autres, il est autre que lui-même. Enfant martyr, enfant public, les autres l'ont investi, pénétré, circulent en foule et tout à l'aise dans son âme... A personne la société n'est plus terriblement présente qu'à cet enfant qu'elle prétend rejeter. Ce n'est pas un homme : c'est une créature de l'homme, entièrement occupée par les hommes ; on l'a produit, fabriqué de toutes pièces ; dans cette âme on n'a pas laissé entrer un souffle d'air.

Il y avait autrefois, en Bohême, une industrie florissante qui paraît avoir périclité : on prenait des enfants, on leur fendait les lèvres, on leur comprimait le crâne, on les mettait jour et nuit dans une boîte pour les empêcher de grandir. Par ce traitement et par d'autres de même espèce, on faisait d'eux des monstres très amusants et d'un excellent rapport. Pour faire Genet, on a usé d'un procédé plus subtil mais le résultat est le même : on a pris un enfant et on en a fait un monstre pour des raisons d'utilité sociale. Si, dans cette affaire, nous voulons trouver les vrais coupables, tournons-nous vers les honnêtes gens et demandons-leur par quelle étrange cruauté ils ont fait d'un enfant leur bouc émissaire.

Enfant public, faux enfant, enfant truqué... On a pris un enfant et on en a fait un monstre... Écoutez maintenant Kean le Comédien : « *Les hommes sérieux ont besoin d'illusion : entre deux maquignonnages, ils aiment à croire qu'on peut vivre et mourir pour autre chose que du fromage. Que font-ils ? Ils prennent un enfant et le changent en trompe-l'œil.* » Et encore : « *Kean est mort en bas âge*[1]. (Rires.) *Taisez-vous donc, assassins, c'est vous qui l'avez tué ! C'est vous qui avez pris un enfant pour en faire un monstre !* »

Genet le Voleur avait été changé en monstre à des fins d'édification ; Kean le Comédien l'a été à des fins de divertissement. Dans les deux cas, c'était pour des raisons d'utilité sociale. L'un est transformé en bouc émissaire ; à ses dépens les gens sérieux se rassurent : ils sont le Bien, puisqu'il est le Mal. L'autre est transformé en apparence ; à ses dépens les gens sérieux se distraient : par son intermédiaire, tantôt ils accèdent magiquement à l'héroïsme, à la grandeur, et tantôt ils caressent le Mal comme on rêve au suicide, en toute irréalité, en toute innocence [2].

Et si l'on a fait de Kean un monstre, c'est que — tout comme Genet — il était un bâtard : en face du prince de Galles, « *trop bien né* », il est, lui, « *trop mal* » né. « *Je suis bâtard, comprenez-vous...* » Sur l'intérêt que présentait à ses yeux l'aventure de ce comédien, Sartre a fourni les précisions suivantes [3] : « Ce qui est intéressant c'est le « vrai » Kean, bâtard — c'est-à-dire coupable dans l'Angleterre puritaine, — humilié. Kean clown, saltim-

---

1. « *Mort en bas âge, Genet porte en lui le vertige de l'irrémédiable.* »
2. « *Aux jours fériés, l'homme de bien ne déteste pas piquer une tête pour quelques heures dans un petit trou de néant pas cher : il paye des acteurs pour lui donner la comédie. Mais il a toujours craint que ce divertissement ne ronge petit à petit toutes ses activités sérieuses. Les Grecs jetaient des pierres à Thespis en l'accusant de mentir ; l'Église refusa longtemps d'enterrer les comédiens en Terre Sainte ; dans la représentation théâtrale nos sociétés de fourmis flairent un péril obscur.* »
En fin de compte, on va au théâtre — on a assez de liberté d'esprit pour ne pas tenir compte du péril — mais c'est en lui refusant *a priori* toute chance d'efficacité, en se jurant qu'on n'en sera pas atteint.
3. Dans une interview donnée aux *Lettres françaises* (nº du 12 novembre 1953).

banque, enfant de la balle. Il est né, comme vous savez, à Londres, en 1787. Sa mère était un peu prostituée et il en a souffert pas mal. Il était très orgueilleux. Son comportement, pendant sa vie entière, s'expliquera par cette enfance humiliée... »

Kean, c'est Genet, Goetz, Hugo, Oreste. Plus exactement, c'est leur parfaite *représentation*. « C'est le Mythe même de l'Acteur, dira Sartre. L'acteur qui ne cesse de jouer, qui joue sa vie même, ne se reconnaît plus, ne sait plus qui il est. Et qui, finalement, n'est personne. » Ce Mythe, par la même occasion, se trouve donc être celui de l'Intellectuel, — tout ensemble bâtard, traître et comédien : par excellence, *l'Imposteur.*

Kean est « acteur ». Il y a dans ce terme même un extraordinaire pouvoir de dérision, et c'est cette dérision que doit d'abord affronter celui qui accepte de regarder en face sa condition : « *Comprenez-vous que je veuille peser de mon vrai poids sur le monde ? Que j'en aie assez d'être une image de lanterne magique ? Voilà vingt ans que je fais des gestes pour vous plaire ; comprenez-vous que je puisse vouloir faire des actes ?* » « *Je ne suis rien... Je joue à être ce que je suis. De temps en temps Kean donne la comédie à Kean ; pourquoi n'aurais-je pas mes fêtes intimes ?* » « *... Il n'y a personne en scène. Personne. Ou peut-être un acteur en train de jouer Kean dans le rôle d'Othello... Je n'existe pas vraiment, je fais semblant.* » « *... On ne peut pas devenir une actrice,* s'entendra dire la petite Anna. *Est-ce que vous croyez qu'il faut bien jouer ? Est-ce que je joue bien, moi ? Est-ce que j'ai de la volonté ? On est acteur comme on est prince : de naissance. Et votre volonté ne peut rien contre cela... On ne joue pas pour gagner sa vie. On joue pour mentir, pour se mentir, pour être ce qu'on ne peut pas être et parce qu'on en a assez d'être ce qu'on est. On joue pour ne pas se connaître et parce qu'on se connaît trop. On joue les héros parce qu'on est lâche et les saints parce qu'on est méchant ; on joue les assassins parce qu'on meurt d'envie de tuer son prochain, on joue parce qu'on est menteur de naissance. On joue parce qu'on aime la vérité et parce qu'on la déteste. On joue parce qu'on deviendrait fou si on ne jouait pas. Jouer ! Est-ce que je sais, moi, quand je joue ? Est-ce qu'il y a un moment où je cesse de jouer ? Regardez-moi : est-ce que je hais les femmes ou est-ce que je joue à les haïr ? Est-ce que je joue à vous faire peur et à vous dégoûter* *ou est-ce que j'ai très réellement et très méchamment envie de vous faire payer pour les autres ?* »

Mais ce dont Kean se plaint ici, et qu'il rapporte à sa situation de comédien, nous avons vu que c'était précisément le lot de toute conscience lucide. Mathieu se plaignait de ne pouvoir ressentir de vraies souffrances ; Oreste enviait les denses passions des vivants ; Hugo ne parvenait pas à éprouver la réalité de ses sentiments ; Garcin réclamait la torture réelle pour échapper à sa souffrance de tête, fantôme de souffrance ; Heinrich avouait : « *Ce sont les autres qui souffrent ; pas moi. Dieu a permis que je sois hanté par les souffrances d'autrui sans jamais les ressentir...* » Goetz aurait voulu être Hilda, pour être enfin atteint dans sa chair par la réalité et par la souffrance des pauvres ; et voici Kean : *Je souffre comme un chien...*

ANNA. — *Kean !*

KEAN, étudiant, sur trois tons différents. — *Je souffre comme un chien ! Je souffre comme un chien ! Je souffre comme un chien ! Quelle intonation préférez-vous ?* [1]

Mais Genet, dira-t-on, ses souffrances n'étaient-elles qu'un jeu ? Évidemment non. Seulement, il y a la souffrance, et il y a sa manifestation. Car la souffrance est subjective, mais elle échappe au sujet lui-même si elle ne se donne une certaine objectivité en s'exprimant, en apparaissant, en se faisant être *dehors*, dans le monde et sous les yeux d'autrui. Or qu'arrive-t-il si autrui refuse (comme Slick et Georges à l'égard de Hugo, comme Karl et les paysans à l'égard de Goetz) d'admettre votre souffrance ? Si vous êtes condamné à souffrir dans la solitude et en dehors du monde des hommes ? Il arrive que votre souffrance s'irréalise, tout comme celle de ce jeune Juif de seize ans, emprisonné en 42, avant même qu'il eût

---

1. « *Nous autres*, dit-il encore, *quand il nous arrive un malheur, il nous faut mimer l'émotion pour la ressentir.* » Mais tout homme en est là. Nos sentiments ne sont pas des états. La tristesse n'est pas une qualité d'être qui serait installée en nous et nous ne sommes triste que dans la mesure où nous nous faisons triste. Nous sommes *conscience de l'être*, et c'est-à-dire que nous ne le *sommes* pas. Ainsi ne cessons-nous de courir après nos sentiments, et de tenter de nous assurer d'eux en remédiant à cette inconsistance en soi qui les caractérise. « *La douleur n'est pas* d'abord *une plénitude silencieuse qui jouirait atrocement d'elle-même. C'est d'abord un* manque... *C'est un vide obsédant qu'on vit dans la nervosité, qui voudrait être plénitude, qui se joue vainement comme plénitude.* »

entendu parler de la Résistance, et qui apprenait un beau matin qu'on allait le fusiller comme otage.

Les grandes personnes avaient prétendu façonner un monde où il pût vivre, en retour elles lui avaient réclamé sa confiance et il la leur avait donnée : c'était pour l'assassiner. Au nom de cette confiance aveugle, de l'optimisme qu'elles lui avaient inculqué, au nom de sa jeunesse et de ses projets infinis, il devait *se révolter. Mais contre qui ? A qui en appeler ? A Dieu ? Il ne croyait pas. Eût-il cru, d'ailleurs, cela n'eût rien changé : Dieu permettait qu'on le tuât ; il était du parti des grandes personnes. Cette révolte claquemurée se faisait d'autant plus violente qu'elle se sentait inefficace : les cris qui se savent inécoutés enveloppent un horrible silence. Son refus changeait de signification : il ne s'agissait plus de repousser une mort inévitable mais de mourir en disant non. Comme il ne pouvait tolérer que ce « non » fût un simple souffle, une haleine que les pelletées de terre qui tomberaient sur sa bouche dussent ensevelir avec lui, il refusait pour contraindre l'absolu à prendre son refus en charge, pour que l'éther ou tout autre fluide incompressible devînt une mémoire éternelle où sa révolte fût gravée pour toujours ; ce « non » lui assurait l'immortalité : son âme, séparée de son corps, ne serait qu'un* non *immortel. Mais l'absolu est aveugle et sourd, nous ne connaissons pas le diamant qui peut rayer l'éther ; le refus se transformait en incantation magique, il était vécu à l'envers : puisqu'il doit, par essence, s'adresser à* quelqu'un, *l'enfant refusait pour que ce quelqu'un naisse, pour donner à l'absolu des oreilles. Du coup il* devenait imaginaire : *ses cris, ses larmes, les coups qu'il frappait contre la porte, on les lui dérobait ; il sentait qu'on avait mis un acteur à sa place. Alors il se figeait dans la stupeur et se demandait vaguement quel Dieu de colère, non content de l'avoir condamné à mort, l'obligeait à mourir dans l'insincérité. Ce Dieu, nous savons que c'est l'homme. Le secret de ces comédies forcées réside en ceci : il est des situations qu'on ne peut que subir mais subir est impossible parce que l'homme se définit par l'acte ; quand l'action est refoulée par le monde, elle s'intériorise et s'irréalise, elle est jouée ; réduit à l'impuissance l'agent devient acteur. Tel est précisément le cas de Genet : sa volonté oisive passe à l'imaginaire : comédien malgré lui, son refus du monde n'est qu'un geste.*

Ainsi de Kean le « vrai » cabotin : « *Sais-tu que j'étais*

peuplé de gestes : il y en avait pour toutes les heures, pour toutes les saisons, pour tous les âges de la vie. J'avais appris à marcher, à respirer, à mourir. » Kean, amoureux d'une femme qui se moque de lui, vient d'insulter le public (y compris le prince de Galles et un pair d'Angleterre) en sortant de son rôle, sur la scène : aux yeux de tous, un véritable *crime.* « *Était-ce un acte ou un geste ?... C'était un geste... Je me prenais pour Othello ; et l'autre, qui riait dans sa loge, je la prenais pour Desdémone. Un geste sans portée, dont je ne dois compte à personne : les somnambules ne sont pas responsables.* » Mais non : c'était un acte... « *C'était un acte puisqu'il a ruiné ma vie...* » Peut-être, cependant, n'était-ce un acte que dans ses effets : « *Est-ce que je l'ai voulu ce crime ? ou l'ai-je rêvé ? Ai-je voulu risquer ma fortune et ma vie ? Est-ce que je ne me figurais pas que je jouissais encore de l'immunité des bouffons ? Allons, c'était un suicide pour rire. Mais on avait chargé le pistolet et le grand Kean s'est tué pour de bon !* »

Et cette inquiétude même, si sincère soit-elle, la voici qui devient une belle inquiétude, une inquiétude jouée ; cette interrogation qui était celle de Hugo, ce problème vital qui était celui de Genet, les voici en représentation et parés d'une très shakespearienne allure : « ... *Un acte ou un geste ? Voilà la question.* » Mais, encore une fois,

*Dessin de
Robert Lapalme.*

la Comédie n'est pas l'apanage du comédien professionnel. Kean possédé par Hamlet, c'est aussi bien Oreste possédé par la morale aristocratique des grands hommes et des grands exemples, ou Genet possédé par les prestiges de la sainteté ; et l'on ne peut éviter de penser ici à la description qu'a donnée Marx des bourgeois révolutionnaires possédés par l'esprit des Romains de la République puis de l'Empire [1]. C'est ainsi que la tradition, la culture ou les valeurs d'époque ressaisissent par derrière nos intentions, les pervertissent et les truquent avant même qu'elles aient eu le temps de s'exprimer. Chaque homme joue un rôle, répète une figure classique, choisit enfin de se réaliser dans tel personnage que lui suggère sa situation. Nous sommes comédiens et truqués dans la mesure où nous n'inventons pas vraiment notre chemin et où nous nous laissons hanter par Autrui, qui nous souffle nos attitudes. L'enfer c'est les Autres, présents ou absents. « Nous ne souffrons pas seulement des vivants, dit Marx, mais aussi des morts. *Le mort saisit le vif !* [2] » Et Sartre : « *Je n'aime pas les âmes habitées.* » Peut-être enfin n'est-ce pas tout à fait par hasard que l'interrogation de Hamlet vient hanter celle de Kean : Hamlet n'est-il pas en effet tout ensemble, le mort-vivant qui se laisse dévorer par un mort et le velléitaire qui se prend pour un homme d'action ? « *Je me prenais pour Kean, qui se prenait pour Hamlet, qui se prenait pour Fortinbras.* [3] »

D'une manière ou d'une autre, tout homme souffre d'être, à l'intérieur de lui-même, autre que lui-même.

---

1. « Dans les traditions d'austérité classique de la République romaine, (ils) ont trouvé les idéaux et les formes d'art, les illusions dont ils avaient besoin pour se dissimuler à eux-mêmes les limites bourgeoises de leur lutte et pour maintenir leur passion à la hauteur de la grande tragédie historique. » « Les héros, aussi bien que les partis et les masses de la Révolution française ont accompli en costume romain et selon un style romain la tâche de leur époque, la tâche de libérer et de constituer la société bourgeoise moderne. » « ... Luther a revêtu le masque de l'apôtre Paul, la Révolution de 1789 à 1814 s'est drapée tour à tour en République romaine et en Empire romain. » (*Le 18 Brumaire de Louis Bonaparte.*)

2. Préface au *Capital*.

3. Il est peut-être temps de signaler que je ne m'attache, dans cette adaptation d'une pièce signée par Alexandre Dumas, qu'à ce qui vient de Sartre lui-même. Le repérage en est facile, les deux textes étant réunis dans l'édition Gallimard (1954).

Aussi longtemps du moins qu'il prétend *être* quoi que ce soit... Car c'est une attitude de mauvaise foi qui transforme en obligation de se jouer soi-même ce qui n'est originellement que la condition même de la réalité humaine : ce « jeu » qu'il y a en elle, cette insaisissable distance qui la sépare d'elle-même et qui est sa liberté. De cette distance, certains prennent conscience et les autres non. Mais ceux-là mêmes qui en prennent conscience l'interprètent diversement, selon leurs situations respectives. Chacun la découvre en effet dans un contexte qui lui est propre et selon les accidents de son histoire personnelle.

Le bâtard — par la contestation qui d'emblée pèse sur lui — est évidemment bien placé pour la découvrir. Mais le petit Lucien, par exemple, en fera l'expérience au lendemain même de cette nuit qu'il a passée dans la chambre de ses parents, et comme première conséquence du choc qu'il en a reçu. Il se demandera tout d'abord si sa mère est bien « *sa vraie maman* » ; puis il se persuadera que ses parents jouent un rôle dans la journée et sont tout différents pendant la nuit. Et il en viendra lui-même à *jouer à l'orphelin*.

C'était amusant parce que tout le monde jouait. Papa et maman jouaient à être papa et maman ; maman jouait à se tourmenter parce que son petit bijou mangeait si peu, papa jouait à lire le journal et à agiter de temps en temps son doigt devant la figure de Lucien en disant « Badaboum, bonhomme ! » Et Lucien jouait aussi, mais il finit par ne plus très bien savoir à quoi. A l'orphelin ? Ou à être Lucien ? Il regarda la carafe. Il y avait une petite lumière rouge qui dansait au fond de l'eau et on aurait juré que la main de papa était dans la carafe, énorme et lumineuse, avec de petits poils noirs sur les doigts. Lucien eut soudain l'impression que la carafe aussi jouait à être une carafe. Finalement il toucha à peine aux plats et il eut si faim, l'après-midi, qu'il dut voler une douzaine de prunes et faillit avoir une indigestion. Il pensa qu'il en avait assez de jouer à être Lucien.

Il ne pouvait pourtant pas s'en empêcher et il lui semblait tout le temps qu'il jouait... Rien de ce qui arrivait à Lucien n'était sérieux. Quand il tombait et se faisait une bosse, il s'arrêtait parfois de pleurer et se demandait : « Est-ce que j'ai vraiment bobo ? » Alors il se sentait encore plus triste et ses pleurs reprenaient de plus belle.

Pareillement il s'inquiètera de ne point ressentir comme une plénitude par soi-même convaincante, contraignante, irrécusable, son amour pour sa mère. Et il tentera d'installer en lui cette plénitude en se redisant à voix haute « j'aime ma maman, j'aime ma maman » : «... *Mais sa voix lui parut étrange, il eut une peur épouvantable et s'enfuit d'une traite jusqu'au salon. De ce jour Lucien comprit qu'il n'aimait pas sa maman.* »

On sait que Lucien retrouvera plus tard le monde du *sérieux* en devenant un chef comme son père. Il se fera posséder et fonder dans son être par les valeurs de son milieu, de sa classe. Il aura des *droits*. Il sera *respecté* dans ses convictions : « *Lucien n'aime pas les Juifs* », et *justifié* jusque dans son lit : *sa* femme sera « *le plus voluptueux de ses biens* », « *le plus tendre de ses droits* ». Mais, comme le dit Roquentin à propos d'un jeune couple qui, au restaurant, déjeune à une table voisine de la sienne : « *Quand ils auront couché ensemble, il faudra qu'ils trouvent autre chose pour voiler l'énorme absurdité de leur existence. Tout de même... est-il absolument nécessaire de se mentir ?* » Lucien trouvera autre chose, bien sûr ; et cette autre chose est même, pour lui, toute trouvée : car il appartient à une certaine société au sein de laquelle sa place lui était d'emblée retenue, assurée ; il était attendu, il avait, avant même de naître, un rôle à jouer, une mission à remplir. « *L'esprit de sérieux*, dit Sartre, *qui, comme on sait, règne sur le monde...* » C'est une morale honteuse d'elle-même, une morale qui rêve de se confondre avec la nécessité (mais une nécessité « bonne », la contrainte du Bien) et qui « *a obscurci tous ses buts pour se délivrer de l'angoisse* » : l'homme « sérieux » « *se fait tel qu'il soit* attendu *par des tâches placées sur sa route. Les objets sont des exigences muettes, et il n'est rien en soi que l'obéissance passive à ces exigences.* [1] » « *Le sérieux*, dit encore Sartre, *c'est-à-dire le rapport originel à l'être...* [2] » L'honnête homme, l'homme de bien, le juste, « *se réserve le sérieux* » et laisse aux autres — aux artistes, par exemple — le domaine des images, le domaine des apparences. Là-dessus, écoutons Roquentin qui décrit les Justes :

... *Ils avaient eu droit à tout* (les représentants de l'élite

---

1. *L'être et le néant.*
2. *Saint Genet.*

bouvilloise, dont les portraits figurent au Musée de Bouville) : *à la vie, au travail, à la richesse, au commandement, au respect, et, pour finir, à l'immortalité.* » Le négociant Pacôme, en particulier, produit sur Roquentin une forte impression : « *Je lus dans ses yeux un jugement calme et implacable. Je compris alors tout ce qui nous séparait : ce que je pouvais penser sur lui ne l'atteignait pas... mais son jugement me transperçait comme un glaive et mettait en question jusqu'à mon droit d'exister. Et c'était vrai, je m'en étais toujours rendu compte : je n'avais pas le droit d'exister.* » Mais pour lui, Jean Pacôme, « *il en avait été tout autrement : les battements de son cœur et les rumeurs sourdes de ses organes lui parvenaient sous forme de petits droits instantanés et purs. Pendant soixante ans, sans défaillance, il avait fait usage du droit de vivre. Les magnifiques yeux gris ! Jamais le moindre doute ne les avait traversés... Il avait toujours fait son devoir, tout son devoir, son devoir de fils, d'époux, de père, de chef. Il avait aussi réclamé ses droits sans faiblesse...* »

Et puis écoutons Fred qui joue les Justes, alors que Lizzie, enfin révoltée, le menace de son revolver : « *Tire ! Mais tire donc ! Tu vois, tu ne peux pas. Une fille comme toi ne peut pas tirer sur un homme comme moi. Qui es-tu ? Qu'est-ce que tu fais dans le monde ? As-tu seulement connu ton grand-père ? Moi j'ai le droit de vivre : il y a beaucoup de choses à entreprendre et l'on m'attend.* »

Mais si l'esprit de sérieux « *règne sur le monde* », il y a tout de même quelques consciences, des consciences de bâtards, d'intellectuels, de traîtres, des consciences hors-la-loi, qui peuvent le dénoncer. Voici le Juste jugé, voici la définition du « sérieux » : « *C'est une farce ! Tous ces gens sont assis avec des airs sérieux, ils mangent. Non, ils ne mangent pas : ils réparent leurs forces pour mener à bien la tâche qui leur incombe. Ils ont chacun leur petit entêtement personnel qui les empêche de s'apercevoir qu'ils existent ; il n'en est pas un qui ne se croie indispensable à quelqu'un ou a quelque chose... Chacun d'eux fait une petite chose et nul n'est mieux qualifié que lui pour la faire... Et moi je suis parmi eux, s'ils me regardent, ils doivent penser que nul n'est mieux qualifié que moi pour faire ce que je fais. Mais moi je sais. Je n'ai l'air de rien, mais je sais que j'existe et qu'ils existent...* »

Roquentin l'Intellectuel trahit la société des hommes : la Nausée lui a dévoilé sa contingence, cette vie brute, injustifiable, « *cette vie qui m'est donnée — donnée pour rien* » [1]. Il est encore parmi les hommes, mais ce n'est plus qu'en faisant semblant d'y être, et il se sent radicalement étranger à leur comédie humaine. Ces êtres qui se sont « qualifiés » et qui passent leur temps à se confirmer entre eux leurs qualifications, et qui s'hypnotisent sur leurs tâches pour se dissimuler qu'ils n'ont « *aucune raison d'exister* », ces tricheurs et ces somnambules, non, décidément, Roquentin n'est plus des leurs : « *ils croyaient que j'étais comme eux, que j'étais un homme et je les ai trompés* ».

Par sa prise de conscience du caractère injustifiable de l'existence, Roquentin s'est exclu du monde, il est dehors, — comme Oreste qui ne croyait à rien, comme Hugo qui ne parvenait pas à se prendre au sérieux, comme Goetz le bâtard, comme Kean le bâtard. Il a percé le jeu, il a compris que tout le monde jouait, mais du coup il s'est mis lui-même hors jeu, il est seul. « *J'ai envie de partir, de m'en aller quelque part où je serais vraiment* à ma place, *où je m'emboîterais... Mais ma place n'est nulle part, je suis de trop.* » Et, bien sûr, tout le monde est seul, chacun de nous est *de trop, nous sommes tous des bâtards* : mais il y a ceux qui s'en rendent compte et il y a ceux qui, à force de mauvaise foi, parviennent à l'ignorer. Pour les premiers, le danger sera — ayant reconnu leur solitude — de prétendre lui échapper par quelque moyen qui ne soit pas celui des autres ; car, dans le mépris qu'ils ont pour le Bien, les illusions et le « sérieux » des autres, ce sont les autres eux-mêmes qu'ils méprisent : les gens d'Argos, la foule anonyme, les Bourgeois ou la Canaille, bref, cet absurde grouillement d'existences aveugles à quoi se réduisent nos semblables quand nous les regardons d'*ailleurs*, quand nous cessons de nous sentir l'un d'eux. Mais quel que soit le moyen qu'ils choisiront alors et le sens qu'ils prétendront lui donner, ce moyen, en accusant leur solitude, ne leur restituera que de façon tout éphémère leur consistance perdue. C'est qu'ils n'auront pas dépassé en eux *l'orgueil* d'être eux-mêmes, de ne plus se tenir que d'eux-mêmes, — c'est-à-dire *la honte* de s'être un jour

---

1. Jupiter à Oreste (qui prétend ouvrir les yeux des hommes d'Argos) : « *Pauvres gens ! Tu vas leur faire cadeau de la solitude et de la honte, tu vas arracher tes étoffes dont je les avais couverts, et tu leur montreras soudain leur existence, leur obscène et fade existence, qui leur est donnée pour rien.* »

découverts à la fois dépendants, liés au monde, et seuls, exclus de tout amour. Kean : « *J'étais malade d'orgueil. L'orgueil c'est l'envers de la honte* » ; et, s'adressant au public : « *J'avais fini par croire que vous m'aimiez... Évidemment, si vous m'aviez aimé... Mais il ne faut pas trop demander, n'est-ce pas ?* » Le bâtard conscient, le paria, éprouve en effet, selon l'expression de Sartre à propos de l'enfant Genet, « *un fabuleux besoin d'être aimé* » : seulement, il a reconnu la nature de l' « amour » que les autres lui portent, quand il leur prend fantaisie de l'aimer ; il sait qu'il n'est pas aimable, mais qu'il sert d'objet à leur pitié, à leur sentiment du devoir, et que cet amour le tient à distance, qu'il s'adresse en lui au malheureux ou au pitre professionnel, et jamais à sa personne concrète, qu'il n'est enfin que leur moyen de se défendre de lui et du danger qu'il représente. Mais eux, précisément, quand ils se retrouvent entre eux, s'aiment-ils davantage ? Nous avons vu les Justes, les gens de bien, se serrer les coudes et déguster ensemble leur exquise honnêteté : « *Pour un peu, ils iraient jusqu'à s'aimer...* » Et les Bouvillois, s'aiment-ils ? « *Il y a beaucoup de gens qui se promènent au bord de la mer, qui tournent vers la mer des visages printaniers, poétiques ; c'est à cause du soleil, ils sont en fête... Ils ne se connaissent pas, mais ils se regardent d'un air de connivence, parce qu'il fait si beau et qu'ils sont des hommes. Les hommes s'embrassent sans se connaître, les jours de déclaration de guerre ; ils se sourient à chaque printemps...* » Faux amour, qui ne demande aux autres que de ne point exister par eux-mêmes, amour tricheur, fondé sur la méconnaissance d'autrui, sentiment vague et abstrait, qui ne subsiste qu'au prix de demeurer en l'air et que dissiperait comme une fumée le moindre affrontement réel. Amour trop facile et qui n'engage à rien, amour impuissant, tel est aussi l'humanisme de l'Autodidacte : « *mes amis, ce sont tous les hommes* » ; *tous* — précisément pour qu'il ne soit question d'aucun, pour qu'on ne risque pas d'être mis en question par aucun. Comédie de l'Amour, où les êtres ne sont plus que des symboles, des *figures* chargées de représenter les grandes valeurs qui rendent le monde habitable et rassurant, en y subtilisant l'existence des hommes. « *Vous voyez bien que vous ne les aimez pas, ces deux-là. Vous ne sauriez peut-être pas les reconnaître dans la rue... Ce n'est pas du tout sur eux que vous êtes en train de vous attendrir ; vous vous attendrissez sur la*

Jeunesse de l'Homme, sur l'Amour de l'Homme et de la Femme, sur la Voix humaine... »

Du reste, tous les humanistes, quels qu'ils soient, se haïssent entre eux : « *en tant qu'individus, naturellement — pas en tant qu'hommes* ».

Ainsi le Bâtard est-il conduit à juger *le Monde* : il se sent exclu de tout amour, et il en souffre, mais il sait en même temps que l'amour n'existe pas, que les autres ne s'aiment pas mieux entre eux qu'ils ne l'aiment lui-même. A la façon dont l'humaniste aime *tous les hommes*, c'est tous les hommes ensemble que le Bâtard condamne. Telle est sa grande tentation : consacrer sa solitude en se changeant en statue du Solitaire ; s'opposer à tous et tout dénoncer, c'est-à-dire n'atteindre jamais rien ni personne ; être le Damné : pour les autres, le Diable et son fascinant échec, mais en même temps, pour soi-même, Dieu ; avoir tort aux yeux de tous pour s'assurer d'avoir absolument raison... ailleurs. Si l'Intellectuel, le Bâtard, le Paria, sont des *imposteurs* c'est qu'ils révèlent l'imposture : c'est que leur attitude de perpétuelle remise en question ou simplement le porte-à-faux et le scandale de leur situation même font apparaître la Comédie comme véritable essence de la prétendue Réalité. Ils sont devenus monstres, traîtres et comédiens : mais c'est alors la totalité de ce monde dont ils ont été exclus qui risque de leur apparaître sous les espèces de la Comédie. Finalement, pour le Bâtard, *tout* sera fausseté dans le monde humain, parce que les seuls qui n'y trichent pas vraiment ne sont à ses yeux que de misérables larves, des lâches, des imbéciles mystifiés.

La tentation du Bâtard c'est de conquérir son être au niveau même de son mal : condamné par les autres, il rendra cette condamnation inéluctable en se condamnant à les condamner tous. Autant dire qu'il se fera leur complice et qu'il se *damnera* effectivement par cette prétention de prendre sur eux le point de vue de Dieu. On affectait de l'ignorer, on se méfiait de lui, on le tenait en quarantaine, on lui imposait un rôle : mais voici qu'il s'en donne un, et c'est celui du Juge solitaire. S'il inquiétait les autres, c'est dans la mesure où il réintroduisait parmi eux la négativité de la conscience, son pouvoir de contestation : mais la morale des autres, qui est une morale de l'*être*, le ressaisit par derrière et le mystifie dans le moment même où il croit s'en libérer en retournant contre eux leur propre mépris. Car ce retournement, à se vouloir total, ne peut que s'annuler : en se voulant pure ; en se posant pour elle-même, la négativité retombe dans les pièges de l'Être. La noblesse est au tournant, l'idéalisme, les grandes attitudes, les beaux gestes impuissants : l'échec. Une conscience infernale, uniquement soucieuse d'*être la Lucidité*, vainement acharnée contre un monde qui l'ignore, tourne en rond, prisonnière d'elle-même, et ne détruit jamais rien que magiquement, au prix d'une réelle dégradation de soi.

Dans ces conditions, il sera vrai, bien sûr, que l'amour est à jamais impossible entre les hommes. Si les seules consciences suffisamment lucides pour dénoncer la comédie ne savent qu'y répondre par une comédie de sens inverse, si la négativité n'apparaît jamais dans le monde que pour s'y figer aussitôt en une négation abstraite et inopérante, alors c'est le monde humain tout entier qui va tourner en rond et pourrir sur lui-même. La lucidité trouve ici sa condamnation. Une certaine lucidité : celle qui se prend elle-même pour fin. Or la société, de son côté, se défend par toute son inertie, par son mystifiant pouvoir d'assimilation ; les plus fermes propos, les intentions les plus nobles s'y perdent comme l'eau dans les sables : ainsi condamne-t-elle à se replier sur soi, pour au moins s'assurer de soi-même, la lucidité des consciences solitaires.

Mais en face des Salauds ou des Lâches, les grandes consciences solitaires ne sont pas les seules *consciences* au monde. Il n'y a pas que des parias de première classe. Tous les bâtards ne sont pas grands capitaines ou comédiens célèbres ; tous les hommes soucieux de liberté ne sont pas fils de roi ou professeurs de philosophie. Il y a aussi les nègres, les juifs et les prolétaires, il y a les Nord-Africains... Ce sont aussi des bâtards et des traîtres [1]. Moins éminents, bien sûr, et sans doute moins « lucides » : ce ne sont pas des intellectuels. Mais faut-il dire que leur lucidité est moindre, ou qu'elle est *d'une autre sorte* ?

On sait que Marx a représenté le prolétariat comme le véritable philosophe, comme la classe dont la libération, en supprimant les classes, serait la libération de la société entière et la réalisation de la philosophie. On peut tenir cette représentation pour un mythe ou pour une figuration valable de l'avenir humain, mais il est un point qui n'y paraîtra guère contestable : c'est qu'en effet l'affirmation de l'universel au niveau de la philosophie demeure abstraite et vaine aussi longtemps que les hommes n'entreprennent pas de concrétiser cet universel, de le réaliser en créant parmi eux les conditions de son fonctionnement.

---

1. *Bâtards*, puisqu'ils naissent écartelés par une double appartenance sociale : en fait, ils constituent une collectivité opprimée, humiliée ; en droit, il n'y a qu'une Société, dont ils sont membres au même titre que les citoyens de la collectivité dominante (il s'agit là, bien sûr, du droit idéal, au niveau par exemple du Préambule de notre Constitution ; la Loi réelle, dans ses dispositions plus concrètes, subit déjà une très sensible contamination par l'état de fait, et celui-ci l'emporte enfin totalement dans l'application effective des lois). — *Traîtres*, puisque cette situation hybride les contraint à jouer sur les deux tableaux et à combattre leurs oppresseurs, ou tout au moins à se défendre contre eux, avec les moyens mêmes qu'ils en ont reçus : ils jouent le jeu et ils ne le jouent pas, ils sont encore obligés de s'humilier, qu'ils travaillent déjà sourdement à n'avoir plus besoin de le faire ; ils ne respectent qu'en apparence, et pour maintenir les chances d'un avenir où ils n'auront plus à respecter. Le caractère objectif de traîtrise est particulièrement visible dans le cas du prolétariat, parce que c'est le cas où l'intégration semble la plus poussée et où, tout à la fois, le conflit atteint à sa plus grande tension, sous la forme de *lutte des classes*. Mais il faudrait citer ici tout *Orphée noir*, où Sartre étudie la situation des Noirs pris entre deux cultures et contraints, pour se reconquérir sur la plus intime aliénation, de passer par une phase de pure négativité, d'opposer aux blancs des valeurs « noires », c'est-à-dire de retourner contre eux un langage conçu par eux et tout imprégné d'une vision « blanche » du monde.

89

Sous ce rapport, toute philosophie est un idéalisme, dès lors qu'elle propose une Vérité sans indiquer les moyens de la mettre en œuvre, de lui donner prise sur le monde. Et l'intellectuel est un idéaliste, dans la mesure où sa conscience, tournant à vide comme une mécanique folle, se pose — et oppose à la réalité — des questions qui ne peuvent avoir aucun sens pour l'immense majorité des hommes, dans les situations concrètes qui leur sont infligées. Le comble de la lucidité a ici pour revers le comble de la futilité. Tout au contraire, la lucidité des opprimés — plus patiente, plus simple, et parfois peut-être « simpliste » — a l'avantage d'être nourrie de nécessités matérielles inéluctables et fort quotidiennes. Ceux qui dans leur chair souffrent de l'oppression, ceux dont la santé et la vie même en sont constamment menacées, ceux-là sont obligés de *vouloir* quelque chose et de *savoir* ce qu'ils veulent [1]. Ils luttent pour obtenir des résultats pratiques et tangibles, et leur lucidité, si trébuchante soit-elle (la situation, pour eux, est un peu rocailleuse), a sans doute plus de poids que tant de subtiles dénonciations, superbement assurées d'elles-mêmes. Ils ne se demandent pas, entre autres choses, si leurs souffrances sont réelles ou jouées : c'est une idée qui ne leur est pas venue. Mais s'ils ne veulent pas crever, il faut qu'ils marchent, et il se trouve qu'à leurs yeux cela suffit à *justifier* l'effort qu'ils font pour continuer de marcher...

La vérité du Bâtard est dans ces collectivités bâtardes ; la vérité de Goetz est dans la lutte des paysans contre les barons, et Genet (plus proche des opprimés, par ses années de prison, ses infinies tribulations et ses dures souffrances, que les autres bâtards sartriens) peut aujourd'hui rencontrer la sienne dans la révolte des Noirs contre cette honte d'être noirs que leur a d'abord inculquée le maître blanc. Le Bâtard, puisqu'il a vécu sa bâtardise sans tenter de se la dissimuler, est menacé de se reconnaître, tôt ou tard, dans ces hommes qui ont été comme lui réduits à l'inhumain, acculés à leurs propres limites. Et ce qu'ils lui apprendront alors, c'est ce qu'un exclusif souci de soi l'avait longtemps empêché de voir : il y a une his-

---

1. Nasty : « ... *Nous autres, nous n'avons que deux manières de mourir. Ceux qui se résignent meurent de faim, ceux qui ne se résignent pas sont pendus. A douze ans, tu sais déjà si tu te résignes ou non.* »

toire du monde ; cette histoire crée, au sein de la condition humaine, des conditions fort diverses pour les hommes, suivant l'époque et le milieu social dans lesquels leur naissance les jette ; et c'est enfin, sous prétexte de lucidité, passer à côté du réel, que de les mettre tous dans le même sac, que d'appliquer à tous les mêmes critères, que de les condamner tous au nom de sa personnelle et solitaire expérience. Car leur expérience est collective, et c'est précisément ce caractère d'épreuve subie en commun qui leur permet d'accéder à une forme de lutte efficace, susceptible d'introduire dans le monde humain *des changements réels*. Comment le Bâtard, inefficace par lui-même, ne serait-il pas sensible à cette efficacité ? Il y sera sensible, parfois, jusqu'à la fascination...

Mais c'est aussi qu'il y fera l'épreuve d'une nouvelle forme de bâtardise. Goetz était bâtard par rapport à un Monde statique, qu'il considérait en bloc, de l'extérieur, et qu'ainsi il irréalisait tout en se frappant lui-même d'impuissance. Le porte-à-faux, le conflit, n'était plus qu'entre lui-même et lui — à propos de ce Monde imaginaire. Or voici qu'il accepte de pénétrer dans le monde réel, de s'y engager, de prendre parti dans les luttes qui le divisent : dès lors, le monde s'anime, acquiert une dimension d'histoire ; il ne s'agit plus de promener à sa surface indifférenciée une hargne qui parfois l'égratigne au hasard, mais d'y reconnaître les forces en présence et de comprendre, par exemple, que si les nobles ont pu devenir « *les flambeaux terrestres* » ce n'est pas sans rapport avec le fait que les paysans ont été maintenus dans l'esclavage, et qu'à son tour cette situation n'est pas étrangère au fait qu'ils n'ont rien de séduisant ni d'aimable. « *Les pauvres me font mourir d'ennui ; ils ont horreur de tout ce qui me plaît.* » « *Que vous êtes laids ! Peuple de lémures et de larves, je remercie Dieu de m'avoir montré vos âmes ; car j'ai compris que je m'étais trompé ; il est juste que les nobles possèdent le sol, car ils ont l'âme fière ; il est juste que vous marchiez à quatre pattes, croquants, car vous n'êtes que des porcs.* » Antérieurement à son choix de les rejoindre, Goetz les méprisait donc ; mais il les traitait surtout par omission, et le Monde auquel il prétendait s'opposer était essentiellement défini par la noblesse, à l'égard de laquelle son attitude était ambivalente — comme celle, nous l'avons vu, de tous les parias dans une première phase de leur révolte à l'encontre de la caste dominante. Kean ne se sent vivre que lorsqu'il envisage de pouvoir cogner sur un Lord ou coucher avec sa femme, et c'est ce qu'il appelle « *se venger de la noblesse* » ; mais il avoue aussi : « *Les princes m'intimident* ». Et Goetz : « *... J'aime les nobles... Je les assassine un petit peu, de temps à autre, parce que leurs femmes sont fécondes et qu'elles en font dix pour un que je tue. Mais je ne veux pas que vous me les pendiez tous.* » C'est qu'il avait alors besoin d'eux, précisément pour définir ce Monde auquel il avait choisi de s'opposer à jamais parce qu'on lui avait retiré le droit d'en jouir *comme un noble*. En rejoignant les paysans, Goetz dépasse une nouvelle fois sa bâtardise originelle : il l'avait une première fois dépassée en choisissant d'*être l'Exclu* ; mais il décide maintenant de la vivre dans le relatif, et son déchirement sera d'être un chef aux yeux des autres quand il ne voudrait plus être que l'un d'eux, d'être rendu prisonnier de son personnage au moment où il consent enfin à sortir de lui-même. En bref, Goetz ne peut ignorer que, commandant aux paysans dans l'intérêt des paysans, il n'est précisément pas lui-même un paysan.

Il a compris qu'*agir* vraiment, ce n'était pas « agir selon soi » et tenter de *se* fonder dans *sa* liberté, mais surmonter en soi-même ce « soi »[1] qui fait obstacle aux exigences de l'universalité et entreprendre de fonder le monde sur la liberté. Le véritable *sujet*, le sujet agissant, celui qui n'est pas condamné à voir tous ses actes se changer en gestes, c'est celui qui parvient à se dépouiller de son « moi », à dépasser en lui tout « caractère », tout souci d'*être* quoi que ce soit, toute tentation de se laisser « prendre » en une quelconque *nature*. Ainsi se rend-il capable, tout à la fois, de tendre subjectivement à l'universel et d'engager concrètement dans le monde humain des entreprises particulières ayant pour sens ultime d'y faire advenir l'universel. Mais c'est ici qu'apparaît la difficulté à laquelle Goetz se trouve d'emblée affronté. Engager ces entreprises, c'est en effet s'engager en elles, en recevoir donc une certaine figure, s'en trouver marqué et caractérisé aux yeux d'autrui. C'est entrer dans le monde

---

1. Et ce triste souci du « quant-à-soi »...

des consciences-objets, des consciences qui se traitent mutuellement en objets. Est-il possible de s'y maintenir en tant que sujet ? C'est-à-dire de ne pas s'y laisser posséder de nouveau par un personnage, une fonction, un caractère, un « moi ». C'est-à-dire enfin d'y conserver une efficacité réelle. Nous reviendrons sur cette question quand nous aurons pu réunir tous les éléments qui nous permettront de risquer un début de réponse.

Du moins peut-on déjà constater qu'en dépit de l'ordre chronologique des pièces, le bâtard Goetz s'avance plus loin que le bâtard Kean sur les chemins de la liberté. Il s'est jeté hors de soi, il s'est livré aux hommes, et ce n'est plus en dépit de lui-même : d'une certaine manière il est avec eux dans le même rapport de générosité dont nous avions saisi l'ébauche entre Hoederer et Hugo, puisqu'il fait confiance à leur lutte pour les humaniser et qu'ils se livrent eux-mêmes à sa compétence et à sa loyauté pour poursuivre cette lutte dans des conditions meilleures. Et sans doute faudrait-il même ajouter que cette générosité devient ici plus convaincante, n'étant point favorisée à l'origine par une réciprocité de sympathie.

Si Kean paraît être en retard sur Goetz, c'est qu'il n'a pas encore engagé sa bâtardise dans les conflits réels d'une société réelle. Et la seule collectivité bâtarde qui l'ait jamais attiré n'en est précisément pas une : c'est une bande de truands, un ramassis d'individualités bâtardes, — ses « *compagnons de misère* » dans les premiers temps, ses « *amis* » par la fidélité qu'il leur garde et qui n'est d'ailleurs pas tout à fait désintéressée (« *Pour eux, je suis un homme, comprends-tu, et ils le croient si fort qu'ils finiront par m'en persuader* »). En lui-même et pour lui-même, Kean est le Traître à l'état pur. Il triche en tout, il truque tout ce qu'il touche. « *Les situations fausses, j'en vis* » ; mais s'il vit de jouer, il ne joue pas le jeu du monde qui le fait vivre : « *L'argent pue, Salomon. Tu peux le voler ou, à la rigueur, le recevoir en héritage. Mais avec celui que tu gagnes, il n'est qu'une manière d'en user : le jeter par les fenêtres !* » Politiquement », sa trahison reste ici sans effet ; ce n'est qu'un geste. Mais il faut avouer que les gestes de Kean peuvent devenir *inquiétants* pour ces Justes qui l'entretiennent : la morale qui s'en dégage (« *Jouis, mais*

Pierre Brasseur dans Kean.

ne possède pas »), prenant exactement le contre-pied de la
leur, ne saurait être à leurs yeux que le Mal ; et le Mal
c'est la Tentation, et quand on s'est rendu complice du
Mal en payant pour qu'il devienne spectaculaire et
fascinant, il ne reste plus qu'à recourir à la Police pour
expulser le Mal. Après l'avoir changé en monstre, l'Angleterre puritaine exclura Kean une seconde fois en le condamnant à l'exil. Car enfin, bien que tout contribue, à
cette époque, à maintenir Kean « en dehors du coup », en
marge de la réalité, à mettre *hors jeu* ce parfait Joueur, il
n'en représente pas moins, pour ceux-là mêmes qui ont
fait sa gloire, « *l'opposant absolu* » dont parle Sartre à
propos de Genet [1]. « *Je me sens libre... Je n'ai rien, donc*

1. En citant une formule de Merleau-Ponty : « Tout opposant
est un traître, mais tout traître n'est qu'un opposant ».

rien ne me tient. Tout est provisoire, je vis au jour le jour la plus fabuleuse imposture. »

Le chiendent, avec l'imposture d'un homme, c'est qu'elle risque de vous révéler la vôtre. Vous en avez fait un pur spectacle et vous prétendez vous tenir, vous, de l'autre côté de la rampe : mais vous n'y êtes pas tout à fait à l'abri des accidents. Pour peu que le comédien se sache Comédien, le spectacle qu'il vous donne a ses chances de vous *atteindre*. Aussi longtemps qu'il se contente de *jouer Hamlet*, tout va bien : c'est un grand acteur, il est sur les planches, et le prince du Danemark est une fiction classique, dûment étiquetée, commentée, désamorcée, remise à sa place, — une fiction-objet parmi toutes les fictions connues. Mais voici qu'il se met à *jouer celui qui joue Hamlet* : du coup, il perd cette simplicité, cette unicité dont vous l'aviez arbitrairement revêtu. L'acteur, en lui, n'était qu'un rôle ; il y avait quelqu'un, par derrière, qui tenait ce rôle. Mais si l'acteur n'est plus un vrai acteur, la situation dans laquelle vous pensiez être par rapport à lui va s'effondrer et c'est votre statut même de spectateur qui va vous apparaître comme un rôle : le spectateur, en vous, s'irréalisera, vous redeviendrez vous-même en

dépit de vous-même ; corrélativement, vous n'aurez plus la ressource de penser l'apparence en tant qu'apparence, la fiction deviendra une fausse fiction et prendra force de réalité[1]. Le Mal aura réintégré votre subjectivité et s'y sera rejoint au Bien de telle façon que vous ne saurez plus les distinguer : vous aurez été si bien trahi que vous ne saurez plus où vous en êtes, que vous aurez le sentiment de vous trahir vous-même. Il peut se faire alors que le sérieux d'une vie bien réglée tarde un peu trop à vous ressaisir ou ne vous ressaisisse désormais qu'insuffisamment, et qu'ainsi vous soient durablement révélées, dans la honte, votre *solitude* fondamentale et votre essentielle *imposture*.

« *Celui qui prend conscience en lui de cette contradiction explosive* [entre ce qu'il est pour lui-même et ce qu'il est aux yeux d'autrui], dit Sartre à propos de Genet, *celui-là connaît la vraie solitude, celle du monstre, raté par la Nature et la Société : il vit jusqu'à l'extrême, jusqu'à l'impossible, cette solitude latente, larvée, qui est la nôtre et que nous tentons*

---

1. Tel est précisément le résultat que vise Genet lorsqu'il s acharne dans *Les Bonnes*, et surtout dans « Les Nègres » pièce encore inédite à rappeler que les acteurs ne sont que des acteurs en train d'interpréte des rôles imaginaires. C'est à ses yeux le seul moyen de dépasser le théâtre vers la réalité qu'il a choisie pour objet, et de prendre au piège cette réalité en jouant le jeu de la représentation jusqu'à l'invertir en une effective *présentation*. C'est le Maître des Apparences et des faux-semblants trahissant son propre domaine pour y assurer le triomphe de la réalité. Du même coup, la conscience du spectateur est provoquée à contester le spectacle comme jeu fascinant, en même temps qu'à le *réaliser* comme aspect de son propre monde : par cette récupération de sa liberté, de sa négativité, elle est mise en mesure de se reconnaître elle-même dans les attitudes et les personnages que l'auteur lui propose. Elle s'y trouve enfin *compromise*.
Je décris ici, bien sûr, le cas où la tentative réussit pleinement. Celui d'un véritable échec ne me paraît pas devoir être envisagé : s'il se présentait, je suis convaincu que ce n'est pas le projet lui-même qui serait en cause mais sa réalisation (au sens où il est également possible d'écrire une mauvaise pièce de forme classique). Mais il peut arriver que les résultats ne soient pas décisifs : dans ce cas, la tentative risquerait d'être interprétée comme une assez vile précaution prise par l'auteur à l'égard du spectateur. Ce serait encore traîtrise et jeu sur deux tableaux mais dépourvus cette fois de toute grandeur : le simple désir de bénéficier des avantages de la mise en scène tout en échappant à ses dangers. — Reste que la tentative de Genet me semble bien répondre à l'unique souci d'arracher le spectateur à cette hypnose, devenue rituelle dans notre civilisation, qui lui permet à la fois de croire au drame et de n'en être pas atteint.

de passer sous silence. » Et, à propos de Baudelaire dont les sentiments « *ont une sorte de vide intérieur* », à propos de « *cette impossibilité foncière de se prendre tout à fait au sérieux* », c'est encore à nous-mêmes que Sartre nous renvoie : de même que le Juste ne peut se laisser entraîner à *comprendre* Genet sans *accepter* le Vol, la Trahison et la Pédérastie, c'est-à-dire sans les concevoir comme ses propres possibilités, de même nous devrons nous rappeler, « *si nous voulons entrevoir les paysages lunaires de cette âme désolée, qu'un homme n'est jamais qu'une imposture* ».

Kean est une imposture fabriquée par une certaine société et qui finit par se retourner contre elle en lui dénonçant sa propre imposture. Le Traître est celui qui a été jeté à la solitude parce que la Société lui donnait tort et qu'il ne parvenait pas en lui-même à se reconnaître fautif. « *Vous serez seul si vous connaissez que vous n'êtes plus, aux yeux de tous, qu'un objet coupable, tandis que votre conscience, en dépit d'elle-même, ne cesse de s'approuver ; vous serez seul si la société vous annule et que vous ne pouvez pas vous anéantir.* » Et sans doute le Traître est-il « *un fou* » : car il commence par se trahir lui-même, il est d'abord « *autre que soi* » ; mais, par là-même, « *au sein du groupe il est l'Autre et celui par qui le groupe se connaîtra comme Autre* ».

Kean trahit, un soir, en sortant de son rôle pour invectiver le Prince de Galles, Lord Mewill et le Public. Mais si cette trahison est la plus spectaculaire, il n'est pas sûr qu'elle soit la plus efficace : le scandale est trop net, l'indignation trop justifiée, et puis elle est collectivement vécue. La vraie trahison réclame un style plus insidieux. Et sans doute Kean trahit-il en effet plus véritablement lorsqu'il séduit chaque spectateur à se poser solitairement cette question dont il dira, au cours d'un entretien un peu tendu avec l'ambassadeur du Danemark, qu'il se la pose à lui-même : «... *Je me demande si les sentiments vrais ne sont pas tout simplement des sentiments mal joués.* » Ces grands seigneurs qui réprouvent telle ou telle de ses conduites, ne jouent-ils pas un rôle, et n'y a-t-il pas, entre eux et lui, cette simple différence qu'ils jouent pour quelques individualités complices avec lesquelles ils sont à égalité, alors qu'il doit jouer, lui, pour mille personnes dont il est radicalement séparé ? En fin de compte tout le monde joue et l'imposture avouée finit par démasquer l'imposture honteuse

BRASSEU
dans
KEAN
ALEXANDRE
ADAPTATION DE
N-PAUL
Mise en scène de PIERR
MAND PETIT
CORS et COSTUMES de A. T
OUS L

d'elle-même. C'est que le Comédien conscient atteint à une situation-limite : il lui faut jouer le mieux possible, être un vrai comédien, et plus il y parvient, plus l'homme en lui, sentant se restreindre sa faible marge de réalité, réclame d'être autre chose qu'un comédien. Ainsi lui suffit-il de jouer pour devenir, sur la scène et dans son rôle même, un signe de contradiction. Car il « jouera » tout ensemble son rôle et son drame réel. C'est son propre conflit qui s'incarnera dans celui de Hamlet, et ce sera le vif, cette fois, qui saisira le mort. De fait, Sartre a signalé que le véritable Kean avait obtenu son premier succès en tenant le rôle de Shylock à la place d'un autre acteur et en le renouvelant complètement : « Il avait mis dans ce rôle de Shylock son personnage de bâtard. L'essentiel de son apport au théâtre c'est cela : il a joué en *lyrique* un rôle de composition. »

Là est sans doute sa plus véritable trahison, qui nous renvoie, bien entendu, à celle de Sartre écrivant *Kean*. Et peut-être voit-on mieux, maintenant, en quel sens le théâtre de Sartre peut tout entier être considéré comme un *théâtre de la bâtardise*. Car il trahit le Spectateur en le faisant adhérer à la dénonciation de sa propre imposture, il trahit la Société en la représentant à elle-même comme société déchirée, et pour finir il trahit le Théâtre lui-même en le contraignant à se mordre la queue. Mais c'est qu'il a commencé par trahir le Bâtard — son Héros — en dévoilant en lui le Traître, et la traîtrise justement la plus inagissante : celle du Comédien. Ce qui est sans doute la seule façon de restituer au théâtre son efficacité, et — puis-qu'on y parvient par la condamnation même des *gestes* et des *rôles* — une ultime façon de jouer sur deux tableaux. Mais si l'homme est originellement contradiction (à la fois transcendance et facticité, sujet pour lui-même et objet pour autrui), et si la division de la société contre elle-même vient redoubler son écartèlement, comment échapperait-il à la nécessité d'être encore — dans le temps même où il travaille à surmonter la contradiction — à la fois *dans* son entreprise pour la faire progresser et *dehors* pour la juger, à la fois spontanéité agissante et réflexion sur le sens de ses actes ? Le Théâtre contestant la Réalité et se contestant lui-même au nom de la Réalité, n'est-ce pas l'une des meilleures façons de provoquer la société à s'infliger enfin, elle-même, sa propre contestation ?

« *Par la littérature... la collectivité passe à la réflexion et à la médiation, elle acquiert une conscience malheureuse, une image sans équilibre d'elle-même, qu'elle cherche sans cesse à modifier et à améliorer.* [1] »

Se sentant menacé par cet exercice public de la négativité au sein même d'une Société qu'il souhaiterait toute pleine d'elle-même et parfaitement fermée sur soi, « *le Juste idéal ne lit pas ; toute littérature lui est suspecte* ». C'est que la littérature, à des degrés divers, est toujours *compromettante*. Lire c'est se compromettre dans l'univers de l'auteur, puisqu'on ne peut, déjà, saisir le sens de ses phrases sans refaire pour son propre compte les opérations selon lesquelles il les a produites — forme et sens indissolublement : ainsi est-on contraint d'adhérer à ses perspectives avant même de savoir si on les approuve ou non. « *Il faut affirmer si nous voulons comprendre et nous donner si nous voulons sentir.* » Que dire, alors, d'une littérature qui *se voudra* compromettante, et que dire du théâtre, — et d'un théâtre qui se voudra *théâtre de la compromission* ?

De ce point de vue, l'immense intérêt du théâtre est qu'il porte à son maximum la tension, essentielle à toute forme de littérature, entre l'appel à la liberté et le recours aux effets les plus propres à la fasciner. Car l'auteur doit bien attendre du spectateur qu'il fasse confiance au drame et ne cesse de lui restituer sa vérité propre, par delà le carton-pâte des décors, l'absurde mécanique du rideau, les applaudissements, les rappels, les entractes, par delà le physique même ou l'âge des acteurs et cette sorte de personnalité seconde que fréquemment ils ont acquise, sur la scène, au cours de leurs rôles antérieurs. Mais en même temps il sait que sa pièce ne passera la rampe que s'il parvient à frapper suffisamment l'imagination de ce même spectateur, à l'impressionner, à le bousculer, à le surprendre, à le violer.

Plus que tout autre genre littéraire, le théâtre recourt au mensonge : non seulement il y faut écrire « gros », car les répliques passent vite et le spectateur n'a pas le moyen d'y revenir pour les mieux comprendre, mais il y faut présenter des attitudes... *théâtrales*. Le théâtre est primordialement *mise en scène*, « monstration ». Sur les

---

1. « Qu'est-ce que la littérature ? » (*Situations II*).

planches, sur les tréteaux, toute parole, tout geste doivent admettre une certaine enflure, devenir tant soit peu « monstrueux » : le langage s'y fait *éloquence*, les sentiments s'y déclament, les personnages et les situations s'y changent en *mythes*. C'est le domaine du magique, du prestigieux, du grandiose. Et lorsque Goetz apprend finalement à dépasser vers la modestie sa honte et son orgueil, cette modestie elle-même est comme ensorcelée : prise dans le cercle magique du théâtral, elle devient une modestie héroïque, l'héroïsme de la Modestie.

Or nous avons vu le théâtre sartrien aboutir — avec *Les Mains sales* puis *Le Diable et le bon Dieu* — à une dénonciation du théâtral (recherche de l'héroïsme, passion de l'absolu, grandes attitudes et gestes définitifs), pour culminer, sous ce rapport, dans le Mythe du Comédien. Nous avons vu que le Personnage par excellence de ce théâtre est le Bâtard : celui qui, mis en porte-à-faux dans le monde humain, se trouve par là en situation de lucidité à l'égard des contradictions de la conscience et des comédies qu'elle se donne. Et nous avons vu que l'Intellectuel est un bâtard. C'est dans « *le monde « en marge » des intellectuels* » que Genet, ayant conquis sa place au sein de la société des Justes, a choisi ses nouvelles relations ; en revanche — précise aussitôt Sartre — il n'a guère de sympathie pour les écrivains et les artistes, « *demi-paillasses et demi-sorciers* », pour ces « *griots* », ces « *déclassés* », « *pas assez honnêtes pour qu'il les respecte, pas assez truands pour qu'il les aime* », et qui « *lui rappellent de trop près son histoire* ». Fort bien : mais la distance entre l'intellectuel et l'écrivain risque de n'apparaître pas toujours au premier coup d'œil ; et par exemple, dans le cas de Sartre lui-même... J'entends qu'il parvient assez heureusement, dans ses rapports avec les autres, à ne pas jouer à l'écrivain. Reste qu'il en est un, et qu'on peut être sûr, avec lui, que s'il caractérise les écrivains comme nous venons de le voir ce n'est pas à la façon dont le pharisien désigne hors de lui le péché : dans ces traits qu'il leur attribue, il doit bien reconnaître au moins quelque aspect de lui-même.

Or cet aspect ne serait-il pas, précisément, celui que Roquentin s'exaspère de découvrir en soi : le besoin d'aventure, le goût du romanesque, de l'héroïque, du pathétique, du sublime ? Un dimanche soir, il note dans son journal : « *... Alors je sentis mon cœur gonflé d'un grand sentiment*

d'aventure... Enfin une aventure m'arrive... je suis heureux comme un héros de roman... Je suis tout seul, mais je marche comme une troupe qui descend sur une ville... » Et le lendemain matin : « *Comment ai-je pu écrire, hier, cette phrase absurde et pompeuse ?... Je n'ai pas besoin de faire de phrases. J'écris pour tirer au clair certaines circonstances. Se méfier de la littérature... Ce qui me dégoûte, au fond, c'est d'avoir été sublime, hier soir. Quand j'avais vingt ans, je me saoulais et, ensuite, j'expliquais que j'étais un type dans le genre de Descartes. Je sentais très bien que je me gonflais d'héroïsme, je me laissais aller, ça me plaisait. Après quoi, le lendemain, j'étais aussi écœuré que si je m'étais réveillé dans un lit rempli de vomissures... Hier, je n'avais même pas l'excuse de l'ivresse. Je me suis exalté comme un imbécile. J'ai besoin de me nettoyer avec des pensées abstraites, transparentes comme de l'eau.* » Enfin, le soir de ce même jour, Roquentin notera qu'il a travaillé à son ouvrage sur le marquis de Rollebon « *avec un certain plaisir* » : « *D'autant plus que c'étaient des considérations abstraites sur le règne de Paul Ier. Après l'orgie d'hier, je suis resté, tout le jour, étroitement boutonné. Il n'aurait pas fallu faire appel à mon cœur !...* »

Ce débat entre l'austérité de l'intellectuel et les débordements de l'homme qui se raconte des histoires, soyons sûrs qu'il n'est pas seulement celui de Roquentin. Pour peu qu'il y prête attention, le lecteur de Sartre ne tarde pas à voir transparaître dans son œuvre *le héros refoulé*, l'amoureux des grandes attitudes, des beaux rôles et des situations pathétiques, l'homme qui volontiers s'imagine en train de tenir tête à une foule surexcitée (Oreste dans la scène finale des *Mouches*), ou intervenant au dernier moment pour redresser une situation que tout le monde croit perdue (Goetz), ou menacé d'un revolver et parvenant à persuader son agresseur de ne pas tirer (Hoederer-Hugo, Fred-Lizzie). La plus admirable « aventure », à ses yeux, n'est-elle pas l'histoire *réelle* de Genet s'opposant seul et victorieusement à toute une société ?

On remarquera en outre cet autre caractère commun à tous les exemples que nous venons d'évoquer : c'est toujours par la magie du verbe que le héros parvient à dominer la situation ; Genet lui-même ne se fera admettre par ceux qui l'avaient exclu qu'en devenant le Poète. Une certaine forme de sorcellerie fait ici son apparition, ce qui n'a rien de surprenant puisqu'aussi bien l'homme reste toujours, dans une certaine mesure, « *un sorcier pour l'homme* » : « *le monde social est d'abord magique* [1] » (et ne pourrait tout à fait cesser de l'être qu'en devenant *l'universel concret*). En même temps qu'un héros refoulé, c'est *un magicien refoulé* qui transparaît dans l'œuvre de Sartre : un homme toujours plus ou moins tenté de recourir à la séduction et de se prouver qu'il a pouvoir sur le monde par le seul exercice de sa pensée.

Or ces deux aspects que nous venons de signaler — la grandeur [2] et la fascination — se rejoignent et coïncident précisément dans le Spectaculaire, c'est-à-dire dans le *Théâtral*, ou encore, sur un mode quelque peu mineur, dans le *Romanesque* [3]. Voici *le cabotin refoulé* ; voici réunis le « demi-paillasse » et le « demi-sorcier », dans le personnage de l'intellectuel devenu écrivain. Voici le Comédien parfait, le parfait Rhéteur (« *la loi de toute rhétorique c'est qu'il faut mentir pour être vrai* » — *Saint Genet*), le Prince des faux-semblants, le grand Truqueur, qui finit par prendre la vérité au piège de ses mensonges, la simplicité au piège de ses artifices (« *j'imiterai le naturel jusqu'à ce qu'il devienne une seconde nature* » — *Kean)*, le Traître qui trahit le Bien par le Mal et le Mal par le Bien (sous les « personnages » de Genet, de Goetz, ou de Kean) : l'Auteur enfin, qui si spontanément se passionne pour ces « *tourniquets* » diaboliques où l'être se change en non-être et réciproquement *(Saint Genet)*, pour ces « *actes à facettes* » où le Bien ne se distingue plus du Mal (Goetz : « *Voilà un acte comme je les aime... Est-il bon ? Est-il mauvais ? La raison s'y perd.* ») et pour toutes les formes de ce jeu infernal où la conscience se livre au vertige d'une réflexion sur soi indéfiniment reproduite (voir le thème de la diplomatie à la quatrième puissance, dans *Kean*, acte I, scène 3).

---

1. *Esquisse d'une théorie des émotions.*
2. Si attentif à dénoncer les mystifications impliquées par certaines valeurs morales telles que la « noblesse », l' « élégance », etc., Sartre n'hésite pas à employer plusieurs fois, et favorablement, le terme de « *grandeur* » au cours de ses réflexions sur l'aventure de Genet.
3. Sur ce dernier point, voir en particulier : *La Nausée* (Roquentin, Annie), *Les Mains sales* (dernier dialogue entre Hoederer et Jessica), *Kean* (premier dialogue entre Kean et Anna Damby).

Tel est, en première approximation, l'aspect clandestin et « refoulé » de Sartre. La difficulté sera pour nous que, selon toute apparence, il ne s'agit précisément pas du tout d'un refoulement... Il faut comprendre en effet que chez Sartre le besoin d'en appeler à la liberté des autres est aussi vif, aussi essentiel, que son besoin de les séduire. L'Intellectuel — le prosateur-philosophe — concourt à sa définition au même titre que l'Écrivain — fascinateur en prose, poète par contrebande. Autant dire qu'aucune de ces deux postulations ne saurait le définir même partiellement, et que sa « définition », si l'on croit nécessaire d'en esquisser une, ne pourrait procéder que de leur tension dialectique.

De Roquentin, amoureux de l'« aventure » et se reprochant de l'être, à Genet, qui ne trouve un chemin vers les hommes que dans la mesure où sa poésie du Mal (fausse issue à l'origine, solution truquée, imaginaire et solipsiste) l'incline malgré lui au souci de communication qui caractérise la prose [1], c'est toute l'œuvre de Sartre

---

1. On sait ce que pense Sartre, en général, de l'entreprise poétique dans notre monde, à notre époque. « *Les poètes sont des hommes qui refusent* d'utiliser *le langage. Or comme c'est dans et par le langage conçu comme une certaine espèce d'instrument que s'opère la recherche de la vérité, il ne faut pas s'imaginer qu'ils visent à discerner le vrai ni à l'exposer.* » Le poète « *a choisi une fois pour toutes l'attitude poétique qui considère les mots comme des choses et non comme des signes* » ; il est « *hors du langage* », « *il voit les mots à l'envers, comme s'il n'appartenait pas à la condition humaine et que, venant vers les hommes, il rencontrait d'abord la parole comme une barrière* » (et l'on comprend ici en quoi sa situation peut néanmoins passionner Sartre, lorsqu'il s'agit précisément de l'Exclu, d'une conscience totalement rejetée par les hommes et « *dont l'homme est l'unique problème* » : alors, le recours à la poésie — qui est essentiellement le moyen de s'exclure soi-même — prendra pour signification secrète la tentative de franchir cette « barrière » que le langage des Justes a d'emblée opposée à un enfant en le définissant comme « voleur »). Finalement, « *la poésie, c'est qui perd gagne* », le choix du poète c'est le choix de l'échec, le poète est anti-révolutionnaire par essence : « *Il est certain de l'échec total de l'entreprise humaine et s'arrange pour échouer dans sa propre vie, afin de témoigner, par sa défaite singulière, de la défaite humaine en général.* » *(Qu'est-ce que la littérature ?).*
Mais je supplie le lecteur de n'en pas trop aisément conclure que Sartre ne comprend rien à la poésie... Avant d'en venir à ces extrémités, qu'on relise au moins — par exemple — le chapitre du *Saint Genet* intitulé « *Un mécanisme ayant du vers l'exacte rigueur* ».

qui apparaît sous-tendue, dramatisée, par cette dialectique [1].

Cette mutuelle et permanente contestation, en lui,
du Philosophe par le Comédien et du Comédien par le
Philosophe, par quel autre moyen Sartre eût-il pu l'exprimer aussi totalement qu'au théâtre ? Car la vérité du théâtre c'est de mettre en scène un *dialogue*. Mais la philosophie elle-même est dialogue : elle postule la réciprocité
des consciences. Le Comédien, au contraire, ne se donne
en spectacle que pour *fasciner*, c'est-à-dire pour être
approuvé par des libertés qu'il ne saurait reconnaître
comme telles puisqu'il s'emploie précisément à les aliéner :
il s'adresse aux autres bien sûr, mais ce n'est point pour
dialoguer avec eux, et la seule réponse qu'il en attend est
celle de leur bouleversement. Ainsi le théâtre de Sartre
nous apparaît-il secrètement hanté par un dialogue fondamental entre l'attitude du Dialogue et celle du Monologue, entre le choix de la réciprocité et le choix de la
fascination. Théâtre du théâtral, où le spectacle se retourne
sur le spectaculaire pour le contester, où le dramaturge
— à la fois philosophe de la comédie et comédien de la
philosophie — transcende son propre conflit en se faisant
Démiurge pour dénoncer le Démiurgique, le théâtre,
ici, se récupère totalement, s'identifie à son essence même
et peut enfin se refermer sur soi. Kean, dans le rôle

---

1. Notons en particulier que la contestation du héros et du magicien
est évidente, à partir des exemples mêmes que nous avons cités. On vient
de le voir pour le caractère « salvateur » de la poésie chez Genet. Pareillement, puisque Hoederer l'homme vrai et Fred le salaud obtiennent des
résultats analogues par la magie du verbe, c'est que — tantôt générosité
et tantôt mystification — le langage peut être la meilleure et la pire des
choses. Au demeurant, la séduction par la parole se montrera inopérante
dans le cas même de Hoederer, lorsqu'il sera menacé pour la seconde
fois, quelques minutes plus tard, par le revolver de Hugo. Et comment
ne pas relever que, si la parole est parvenue à surmonter la violence en
Hugo l'intellectuel, un moment purifié de sa tentation d'héroïsme par
sa conversation avec Hoederer, tout au contraire c'est l'efficacité de la
parole qui sera niée par la violence, chez Hugo le tragédien (« ... *Je
vivais depuis longtemps dans la tragédie. C'est pour sauver la tragédie
que j'ai tiré.* »)

d'Othello puis dans celui de Kean, monologue devant le public londonien du siècle dernier, Brasseur jouant Kean monologue devant le public parisien d'aujourd'hui, et Sartre écrivant *Kean* poursuit avec nous, à travers tant de « dialogues » séduisants, le plus libérateur des dialogues [1]. La signification dernière de *Kean* c'est que le Comédien conscient ne peut dénoncer la comédie qu'en continuant de la jouer. Lorsque Kean, en pleine scène, a substitué soudain sa propre jalousie à celle d'Othello, il a sans doute déconcerté le public, il l'a *choqué*, mais sans du tout lui ouvrir les yeux [2]. Il a provoqué un scandale parfaitement vain, et qui lui coûterait sa liberté si le Prince de Galles n'intervenait au dernier moment pour changer en exil la peine d'emprisonnement [3]. Mais c'est son attitude ultérieure qui retiendra ici notre intérêt. Nous l'avons vu tenter de se persuader qu'il avait agi, puis s'avouer qu'il n'avait fait qu'un geste ; il va maintenant imaginer que ce geste reprendra force d'acte s'il le prolonge par un

---

1. Et pour que la boucle soit vraiment bouclée, Sartre a rendu « à peu près authentique » le personnage d'Anna Damby, dont la présence dans la pièce a ainsi pour effet de contester tout « personnage » : c'est, dit encore Sartre, « le seul à peu près pur, sincère, le moins *acteur* dans la vie ». Tous les personnages de *Kean* sont par ailleurs réduits à leur « personnage », à leur « *reflet* ». Sauf Kean lui-même, bien entendu, qui est le Comédien conscient, le Bâtard, c'est-à-dire le Philosophe, celui que sa situation même met en mesure de dévoiler le « *mirage* » de la beauté, de la noblesse et du génie : « ... *Nous ne sommes que des reflets* », dit-il à Elena, en parlant d'elle, de lui-même et du Prince de Galles ; « *trois reflets : chacun des trois croit à la vérité des deux autres : voilà la comédie* ». Mais Kean, sans Anna, ne se ferait-il pas négation pure ? Anna, c'est la sollicitation de la vie, qui séduit la conscience à réengager sa négation dans le monde du relatif, en tant que négativité *au travail*.
2. Il s'agit ici, évidemment, du faux public de Kean dans la pièce de Sartre. Mais il n'en va pas de même pour le vrai public de Brasseur, devenu spectateur au second degré et qui reçoit le « choc » à travers une sorte de *réflexion* (aux deux sens du terme).
3. Sous ce rapport aussi, l'Écrivain est le Pitre. Il écrit pour un public d'oppresseurs ou de complices de l'oppression, et s'il se propose, lui, de renvoyer ses lecteurs et spectateurs à eux-mêmes, le public, en revanche, feint de n'en avoir été qu'amusé : ses plus éminents représentants se donnent le beau rôle en faisant à l'écrivain une situation privilégiée (« *l'immunité du bouffon* ») au sein même de cette Société dont il prétend contester les valeurs... Quand Sartre et quelques autres ont demandé au Président de la République la grâce d'Henri Martin, le Président de la République la leur a refusée; mais il a accordé à Sartre et à Cocteau une remise de peine en faveur de Jean Genet.

total reniement de son art : il prétendra être devenu « M. Edmond », marchand de fromage. Bien entendu, il ne s'agit encore que d'un coup d'éclat, d'un coup de théâtre dont il s'offre en privé le spectacle, d'un simple geste. « *Fortinbras et M. Edmond*, explique-t-il rageusement, *sont de la même espèce : ils sont ce qu'ils sont et disent ce qui est. Tu peux leur demander le temps qu'il fait, l'heure qu'il est et le prix du pain. Mais n'essaie surtout pas de leur faire jouer la comédie.* » Puisqu'il a été fou au point de se prendre pour Hamlet qui se prenait pour Fortinbras, et que sa folie s'est objectivée en échec, Kean renoncerait ainsi à être « Kean » c'est-à-dire *personne*, une pure apparence, pour devenir *quelqu'un* : « M. Edmond », un Juste, un « *gros plein d'être* » *(Saint Genet)*. Et ce serait un acte, sans doute, mais au sens même où le suicide de Hugo en était un. En fait, sur le point de se jeter au Vrai (c'est-à-dire à l'Être, à la pure positivité figée en soi), Kean renâcle, tout comme renâclait déjà Goetz sur le point de se jeter au Bien. Goetz : « *L'aube et le Bien sont entrés sous ma tente et nous ne sommes pas plus gais... Peut-être que le Bien est désespérant...* » ; Kean : « *Quand l'homme est faux, tout est faux autour de lui. Sous un faux soleil, le faux Kean criait les fausses souffrances de son faux cœur. Aujourd'hui, cet astre est véritable. Comme elle est morne, la vraie lumière. Dis, Salomon, la vérité, ça devrait éblouir, ça devrait aveugler ! C'est vrai, c'est* vrai *que je suis un homme fini. Eh bien, je n'arrive pas à y croire.* » Mais si Goetz s'est longtemps obstiné, Kean s'arrachera très vite à cette tentation de l'absolu : avec l'aide d'Anna, il choisira, semble-t-il, la patience du relatif. C'est qu'il aura compris, en tout premier lieu, qu'il faut bien, de toute façon, recourir à la comédie pour parvenir à la dépasser : « *Ça viendra peu à peu. J'imiterai le naturel jusqu'à ce qu'il devienne une seconde nature.* » Finalement, Anna et Kean partiront à Washington, ils s'y marieront et... *ils y joueront la comédie.*

User de prestiges pour dénoncer le recours au prestigieux, prendre appui sur de faux-semblants pour désigner la vérité, posséder pour mieux affranchir, *séduire pour libérer*, tel est sans doute le ressort fondamental du théâtre sartrien. Il y a là une entreprise qui est parfois assez mal interprétée. Je le dis en tous les sens du terme : Brasseur, par exemple, me semble avoir tant soit peu faussé le rôle de Goetz, en l'infléchissant vers celui d'un tricheur qui aurait *décidé* de tricher, — ce qui tendait à réduire la pièce à son aspect fascinant. Mais si Sartre se préoccupe de fasciner et de séduire, c'est que nous sommes tous, si diversement que ce soit, en situation d'être séduits, et pour de tout autres buts que les siens ; s'il nous viole c'est pour nous contraindre à nous avouer que nous sommes *déjà violés* — et que nous jouissons de l'être. Si les échecs de Goetz peuvent m'atteindre (autrement qu'au niveau d'un pathétique très superficiel), c'est dans la mesure où il y prête la main et où je ne suis moi-même nullement innocent des échecs qu'il m'arrive de subir : « *à moitié victime, à moitié complice, comme tout le monde* ».

Ce que Sartre dénonce, par la magie du spectacle, c'est l'attitude « magique » de l'homme qui s'affecte d'une certaine « foi », se fait posséder par un rôle, par une « mission », et qui ne cesse de s'étourdir et de s'aveugler pour pouvoir *prendre au sérieux* le personnage dont il se trouve ainsi habité. Théâtre de la liberté, le théâtre sartrien est, indissociablement, un *théâtre de la mauvaise foi*. Car la mauvaise foi n'est pas un mal qui tombe sur nous comme par accident : c'est la situation originelle de toute conscience *en tant qu'elle est liberté*[1]. C'est l'*ambiguïté*, le *déchirement*, la *contradiction* qui définissent le statut de notre existence en tant que donnée à elle-même...

Ce théâtre de la mauvaise foi et de la bâtardise, qui d'autre que le Bâtard en pouvait être l'auteur ? Le Bâtard est celui qui assume notre bâtardise commune et originelle : encore faut-il, pour cela, que sa situation particulière lui interdise de se la dissimuler comme nous sommes tous tentés de le faire. Nous avons vu s'affronter en Sartre le Philosophe et le Comédien. Et l'on peut montrer sans peine que tout philosophe devient nécessairement comédien : car la lucidité, pour pouvoir atteindre les consciences mystifiées (la liberté pour pouvoir atteindre les consciences serviles) doit d'abord se faire prestigieuse et dominatrice (Socrate joue avec son interlocuteur, il le manœuvre, c'est insidieusement qu'il le conduit à découvrir en lui-même la vérité, et les dialogues de Platon sont de mer-

---

1. Précisons : nous « sommes » libres et responsables, mais cela signifie : 1° que nous avons à nous faire tels, 2° que notre condition même rend cette entreprise relativement possible.

veilleux truquages). Mais il reste à comprendre d'où peut bien venir cette vertu de lucidité, au sein d'un monde dont la structure même tend à la mystifier dès qu'elle se manifeste. Et sans doute s'apercevra-t-on, à y bien réfléchir, qu'elle sera primordialement le lot de ces consciences qui — selon quelque motivation qu'on voudra — se sont un jour connues comme *en dehors du monde*, c'est-à-dire à qui le monde est apparu, tout à la fois, comme Spectacle et comme Public : le Philosophe procède du Comédien.

C'est en quoi le théâtre de Sartre peut valablement être considéré sous un angle *lyrique*, au sens même où Sartre disait du « vrai » Kean qu'il avait joué en lyrique un rôle de composition. Car il se trouve que Sartre, comme nous pouvions désormais nous y attendre, est le parfait Bâtard. Je devrais dire : le Bâtard idéal, — celui dont la bâtardise ne procède pas d'un accident (coït mal contrôlé) et n'est pas repérable sur les registres d'état civil.

On aura reconnu l'un des thèmes essentiels selon lesquels s'organise le plus accessible, et sans doute le plus réussi, de tous les ouvrages non-philosophiques de Sartre : *Les Mots*, publiés en 1963 à partir d'un grand nombre de notes qu'il se mit à prendre, dès 1954, sur sa propre enfance. Non que le mot *bâtard* ou le mot *bâtardise* y fassent à vrai dire la moindre apparition : ayant perdu vers l'âge de deux ans un père officier de marine, qui n'avait guère vécu près de lui, le petit Jean-Paul fut recueilli, ainsi que la jeune veuve, par son grand-père maternel, Karl Schweitzer, qui d'emblée, le reçut à bras ouverts et ne cessa plus, dès lors, de s'extasier à son propos. Mais c'est Sartre lui-même qui me le confirma, dès le moment où il entreprit de revenir sur ces années-là pour en retrouver le climat général et les aspects les plus significatifs : « J'étais *le faux bâtard*. » Totalement *accepté*, donc légitime (un peu trop légitime, à vrai dire, tant on lui faisait fête), il advint en effet qu'il ne s'éprouva nullement *justifié* dans la mesure même où les sentiments dont on l'accueillait, par lesquels on lui témoignait qu'il avait sa place dans le monde, lui apparurent très vite un peu forcés, excessifs et pour tout dire *joués*. « Mon grand-père, précisait Sartre, était fort comédien ; et moi aussi : tous les enfants le sont plus ou moins » (on se rappelle cette formule du *Saint Genet* sur l'enfance : « *l'âge où nous n'étions occupés qu'à bouffonner servilement pour plaire* »).

Un comédien d'un côté, un comédien de l'autre, et le climat du jeu est installé dans la vie quotidienne : on comprend que Sartre, dès son plus jeune âge, ait été assez bien « placé » pour ne pouvoir prendre au sérieux cette « place » — à lui seul et si *manifestement* réservée. Cet enfant dont personne ne songeait à contester ni l'être ni le droit à l'existence ni l'avenir, voici que le hasard le mettait en situation de se contester lui-même et de courir sans trêve après quelque justification de sa vie.

Ainsi peut-on considérer que l'année 1954 marque un tournant dans l'évolution de la pensée sartrienne : une sorte de crise, si l'on veut, une remise en question, d'où procèdera l'orientation nouvelle des vingt années suivantes. Orientation qui apparaît essentiellement jalonnée par deux ouvrages-clefs, *Critique de la raison dialectique* (tome I) [1] en 1960 et *Les Mots* en 1963, ainsi que par un certain nombre d'articles et d'interviews, d'une extrême richesse de contenu et qui n'ont pas encore été réunis en volumes.

A quoi il convient évidemment d'ajouter la suite du théâtre sartrien : *Nékrassov, Les Séquestrés d'Altona* et *Les Troyennes*, adaptation d'une pièce d'Euripide. Compte tenu du parti-pris qui a d'emblée été le nôtre dans l'exposition de la pensée de Sartre, l'analyse de ces œuvres devrait normalement suivre ici celle des pièces précédentes ; mais le virage amorcé par leur auteur en 1954 nous semble requérir, de notre propre part, un changement d'attitude, puisque c'est en fonction de lui, cette fois, qu'il conviendra d'interpréter toutes les productions suivantes. La crise dont il s'agit, en effet, n'est pas directement repérable au niveau du théâtre : *Nékrassov* (1956) n'ajoute pas grand chose au contenu de la période antérieure (sept pièces en

---

1. Précédé d'un texte capital, *Question de méthode*, qui est en quelque sorte la transposition philosophique des *Mots*, l'équivalent, en termes objectifs, de la contestation subjective dont ce livre procède. Ce texte a d'abord été écrit pour une revue polonaise qui avait demandé à Sartre un article sur le thème « Situation de l'existentialisme en 1957 ». Il a ensuite été remanié considérablement et publié sous la forme définitive dans *Les Temps Modernes* (sept. et oct. 1967), sous le titre « Existentialisme et Marxisme ».

moins de douze ans) et ne participe pas encore assez nettement de la nouvelle période (3 pièces en plus de douze ans,
dont une seule, *Les Séquestrés,* semble devoir être tenue
pour significative quant à l'essentiel de l'orientation
présente). Après avoir tenté d'éclairer longuement près de
vingt années de pensée sartrienne en parcourant le plan
incliné des œuvres dramatiques correspondantes, on
choisira donc, désormais, de brutaliser quelque peu le
lecteur : c'est-à-dire de le plonger d'un coup dans la
vive contestation que cette pensée s'est à elle-même
infligée en entreprenant de remonter sa pente « naturelle »,
jusqu'à se rendre capable d'affronter enfin, d'un seul
mouvement, les problèmes de sa propre histoire, ceux de
l'histoire des hommes et leurs implications réciproques.

*LA CONVERSION
DU BÂTARD*

AYANT SOUTENU dès 1947 [1] que le ressort fondamental de la pensée sartrienne était d'ordre moral, *d'ordre pratique*, je n'entrevois pas, vingt ans plus tard, la moindre raison de me déjuger sur ce point. Mais sans doute la plus sûre façon d'en faire apparaître la continuité consistera-t-elle à désigner d'abord, aussi nettement que possible, les principales causes, les aspects essentiels et les conséquences décisives de l'effort radical accompli par cette pensée en vue de se remettre elle-même en question. Compte tenu des rigoureuses limites imposées par les dimensions de ce livre, on s'efforcera donc ici de préciser au maximum le sens de cette « crise » — changement d'optique et relative « conversion » — dont la *Critique de la raison dialectique* constitue jusqu'à ce jour le produit le plus élaboré.

Je dois cependant en prévenir ceux de mes anciens confrères ès-philosophie que le hasard conduirait à parcourir ces pages : ici comme en d'autres occasions déjà, l'espèce d'amateur que je suis devenu se souciera bien davantage de se faire entendre des non-spécialistes que de prouver aux spécialistes qu'il est encore capable de les entendre. S'agissant de Sartre, et du souci *d'ordre pratique* dont sa réflexion ne cesse d'être animée, il y a là, me semble-t-il, une option capitale et qui dépasse d'assez loin toute considération d'ordre subjectif : la pensée même qui,

---

1. Cf. *Le Problème moral et la Pensée de Sartre* (réédité par le Seuil en 1966) et sa post-face, écrite pour cette nouvelle édition : *Un quidam nommé Sartre*.

parmi les diverses pensées contemporaines, apparaît la plus soucieuse de mettre les consciences en prise sur la réalité du monde devrait-elle néanmoins demeurer inaccessible à la plupart d'entre nous, une certaine élite étant seule qualifiée pour s'en disputer le fantôme à coup d'arguments théoriques ? A cette question, Sartre lui-même semble avoir répondu : car ce philosophe ne s'est pas contenté de recourir à un langage purement technique pour communiquer avec nous. Et sans doute y répond-il tout aussi clairement en s'opposant aujourd'hui, avec la force que l'on sait, à ce « structuralisme » dont la soudaine vogue et les prétentions philosophiques outrepassent largement les hypothèses de travail de la méthode structurale, son utilisation patiente et ses très fragmentaires conquêtes.

Nous aurons peut-être à revenir sur ce débat (dont l'évidente « actualité » ne devra tout de même pas nous faire oublier qu'il s'est déjà présenté maintes fois, sous des formes diverses dans l'histoire des idées) afin d'en éclairer les termes et d'en mieux apprécier le très considérable enjeu. Mais il nous faut d'abord nous adresser à Sartre lui-même, à ce faux bâtard « plus vrai que nature », et tenter de saisir, à travers ses propos de tous ordres, le véritable sens de sa « conversion ».

« *Depuis à peu près dix ans*, a-t-il écrit dans *Les Mots*, *je suis un homme qui s'éveille, guéri d'une longue, amère et douce folie...* » A Jacqueline Piatier qui lui demandait, quelques mois après la parution du livre [1], si c'était bien à 1954 qu'il fallait faire remonter ce changement, il répondit : « *Oui. A ce moment-là, à la suite d'événements politiques, mes rapports avec le parti communiste m'ont vivement préoccupé. Jeté dans l'atmosphère de l'action, j'ai soudain vu clair dans l'espèce de névrose qui dominait toute mon œuvre antérieure. Je n'avais pas pu la reconnaître avant : j'étais dedans... Le propre de toute névrose c'est de se donner pour naturelle. J'envisageais tranquillement que j'étais fait pour écrire. Par besoin de justifier mon existence, j'avais fait de la littérature un absolu. Il m'a fallu trente ans pour me défaire de cet état d'esprit. Quand mes relations avec le parti communiste m'ont donné le recul nécessaire, j'ai décidé d'écrire mon autobiographie. Je voulais montrer comment un homme peut passer de la littérature considérée*

1. *Le Monde*, 18 avril 1964.

comme sacrée à une action qui reste néanmoins celle d'un intellectuel. »

L'un des paradoxes les plus saisissants de la démarche de pensée sartrienne, c'est cette aptitude à ramasser en quelques phrases décisives ce qu'elle est par ailleurs capable d'expliciter indéfiniment, en y faisant toujours apparaître quelque surcroît de signification. Ici, d'une certaine façon, tout est dit : la pression exercée par l'histoire sur la conscience de Sartre, et la mise en question de la littérature par la nécessité de l'action politique ; l'illusion d'un rapport à l'absolu dont se soutenait, pour lui, l'acte d'écrire ; le besoin, d'où procédait cette illusion, de justifier à ses propres yeux son existence même ; le projet résolument curatif (auto-analyse en vue d'une guérison) impliqué par son entreprise autobiographique ; la dénonciation, en tant que « névrose » (en tant que *fuite*), de cette fausse issue — vers le sacré — par laquelle il avait cru pouvoir échapper à la bâtardise redoublée de l'intellectuel bourgeois...

En ce qui concerne ses relations avec le parti communiste, on sait qu'elles ont connu tour à tour des fortunes diverses, bien qu'on puisse les caractériser d'un bout à l'autre par le refus, chez Sartre, de traiter les communistes en adversaires sur le plan politico-social. En gros, on pourrait assez bien y désigner (à partir de la Libération) quatre périodes différentes :

— de 1945 jusqu'aux environs de 1950, une phase assez résolument critique à l'égard de l'idéologie et de la tactique communistes (voir notamment l'étude intitulée *Matérialisme et Révolution*, ainsi que les *Entretiens sur la politique* et la participation corrélative de Sartre au « Rassemblement démocratique révolutionnaire » de David Rousset, en 1948-49) ;

— de 1951 à 1956, une phase de rapprochement et de relative adhésion aux formes de lutte adoptées par le P. C. (voir notamment *Les Communistes et la Paix*) ;

— de 1956 (soulèvement de Budapest et répression par l'armée soviétique) à 1962 (fin de la guerre d'Algérie), une nouvelle phase d'éloignement et de critique ;

— depuis 1962, enfin, une nouvelle phase de rapprochement, mais qu'il faudrait peut-être définir plutôt en termes négatifs, c'est-à-dire en fonction du fait que le Parti, quelles que soient ses lacunes théoriques et pratiques, apparaît à Sartre moins decevant qu'il ne l'a été (et que ne l'est encore, à ses yeux, tout le reste de la gauche française).

Cette rapide schématisation, à laquelle il conviendrait à coup sûr d'apporter bien des nuancements, permet du moins de situer la remarque de Sartre sur ses rapports avec le Parti dans un contexte particulièrement positif : celui de la seconde période, durant laquelle sa préoccupation dominante ne fut point de reprocher aux dirigeants communistes français leur conception sclérosée du marxisme (et leur liquidation du matérialisme historique au profit d'une « dialectique de la Nature » relevant d'un pur et simple positivisme scientiste), mais bien plutôt de lutter avec eux contre un véritable déferlement d'anti-communisme, d'anti-soviétisme et de pro-américanisme jusque dans les milieux « de gauche » d'Europe occidentale. Dans la mesure où il lui est ainsi apparu qu'il était alors plus important de soutenir les manifestations de masse organisées par le P. C. [1] que d'essayer d'inciter ses idéologues officiels à réviser leur concept de « nature » ou celui de « révolution », on comprend que Sartre en soit venu à s'interroger sur les véritables origines, sur les motivations profondes de ses réticences antérieures quant à l'idéologie affichée par le parti communiste français, — alors que celui-ci demeurait en tout cas le seul représentant des travailleurs et qu'il se montrait encore plus ou moins apte à les mobiliser sur des bases proprement politiques. Si la classe ouvrière française se reconnaissait, c'est-à-dire reconnaissait sa condition même et ses exigences réelles, dans les analyses et dans les mots d'ordre du P. C. F., Sartre n'était-il pas en train d'adopter contre celui-ci, contre sa direction élue, l'attitude même (et son souci d'absolue pureté) qui dressait Hugo, dans *Les Mains sales*, contre la politique de Hoederer ? Le rôle de l'intellectuel pouvait-il, au plus chaud de la « guerre froide », demeurer celui d'un arbitre « impartial », se satisfaisant de montrer (au théâtre) la vanité d'une certaine intransigeance, mais refusant en tout cas de compromettre sa précieuse pensée

---

1. Notamment contre la désignation au poste de commandant suprême de l'O.T.A.N. du général Ridgway, bien connu pour ses exploits anticoréens de 1950.

dans une entreprise réelle de transformation du monde parce que les responsables politiques n'en étaient que d'assez piètres philosophes ? Doctrine de l' « engagement », l'existentialisme sartrien pouvait-il incliner son auteur lui-même à rester sur la touche, pour y maintenir indéfiniment une très arbitraire balance entre sa condamnation radicale de l'exploitation capitaliste et ses divers griefs à l'encontre de l'idéologie communiste ?

Dès 1951, Sartre nous avait montré Goetz (qui connaissait les paysans, leurs éventuelles lâchetés et leurs superstitions) se résolvant à faire *leur* guerre, celle à laquelle ils se trouvaient acculés, et à y jouer le rôle exigé par leurs propres besoins. En persistant, l'année suivante, à se tenir à l'écart de la lutte pour en critiquer *théoriquement* les aspects théoriques et pratiques, ce même Sartre aurait en somme opté pour un communisme idéal aux dépens du seul communisme existant : c'est-à-dire contre les travailleurs réels et *leur* organisation politique, au nom de sa propre idée d'une « vraie » classe ouvrière et d'un « vrai » parti communiste... Disons qu'il lui est arrivé, durant ces années-là, de rencontrer *sous des formes concrètes* une vérité qu'il *connaissait* depuis assez longtemps déjà, et selon laquelle nul ne saurait pourvoir seul (et fût-ce « avec l'aide de Dieu ») à son propre salut. Dès 1946 il écrivait : « *Je sais qu'il n'y a pas d'autre salut pour l'homme que la libération de la classe ouvrière : je le sais... sur la simple inspection des faits ; je sais que les intérêts de l'esprit sont avec le prolétariat...* » Mais dans la mesure où le prolétariat lui semblait adhérer à une forme de matérialisme qui niait la liberté de l'homme et sa conscience même, c'est-à-dire sa pensée, tout se passa alors comme si Sartre se satisfaisait plus ou moins de sa propre aptitude à *penser* la contradiction entre le « réel » et le « vrai » : « *Suis-je tombé dans ce dilemme inacceptable : trahir le prolétariat pour servir la vérité ou trahir la vérité au nom du prolétariat ?* » Car le fait est qu'il laissa cette question sans réponse durant les cinq années suivantes, ou n'y répondit guère que par le truchement de Hoederer (dans *Les Mains sales*) et de Goetz (dans *Le Diable et le bon Dieu*) : réponses positives, certes, mais en ce sens qu'elles le sont réellement devenues depuis lors, — une première fois par l'engagement de Sartre aux côtés des communistes, une seconde fois, et plus profondément, à la lumière de ce que nous avons désigné plus haut comme

Avec Ilya Ehrenbourg (Paris, mai 1955).

Voyage en U. R. S. S.
(mai 1954).

une relative conversion de sa pensée philosophique. Car la réflexion du philosophe ne s'exerce jamais que sur des idées, mais toute la question est de savoir si ces idées ne sont que des *concepts a priori* (c'est-à-dire émanant de ses seuls fantasmes personnels) ou s'il est parvenu à en faire de véritables *notions*, ayant prise sur le monde réel dans l'exacte mesure où elles se veulent accessibles à sa contestation : à quoi peut bien rimer la confrontation du *prolétariat en tant que concept* à un pur et simple *concept de la vérité* ? Le prolétariat est ce qu'il est, à tel moment donné de l'histoire : et aucune « vérité » ne saurait être opposée à son comportement, puisque les rapports mêmes entre les hommes sont de toute façon condamnés à demeurer *faux* aussi longtemps que le monde humain sera divisé entre exploités et exploiteurs (ou complices du système d'exploitation).

Ce que Sartre a découvert, durant cette période critique de son évolution, c'est en fin de compte que sa pensée demeurait foncièrement tributaire de cet « *esprit de sérieux* » dont elle s'était pourtant préoccupée très tôt de dénoncer la radicale aberration, sous les espèces de la « *mauvaise foi* ». Qu'est-ce en effet que l'attitude « sérieuse », sinon *une conduite d'ordre théologique*, ou, si l'on préfère, *le souci de se référer toujours à quelque absolu pour fonder le relatif* ? Ainsi arrive-t-il que l'intellectuel s'imagine « *mandaté* » pour éclairer le monde humain, en proposant aux hommes les fruits d'une réflexion qui a plus ou moins perdu conscience de ses attaches concrètes. Ce qu'il méconnaît alors, c'est le statut même de la pensée : c'est que, nécessaire à la reconnaissance de l'homme par l'homme, son propre pouvoir de dépassement ne doit pas moins être indéfiniment « nié » — *dépassé* — selon les besoins vécus et exprimés par les hommes réels.

Autrement dit, Sartre a profondément *ressenti*, vers les années 1952-54, qu'il n'était pas possible d'échapper à *l'histoire*, en tant que « totalité » *par rapport à laquelle chacun de nous est bien contraint de se situer :* totalité en perspective, bien sûr, c'est-à-dire virtuelle, non encore effectivement totalisable pour nous, mais requérant de nous, à tout moment, *une entreprise commune de totalisation.* Et ce qu'il a du même coup ressenti, c'est à quel point et combien longuement son attitude profonde — son choix « originel » — avait pu lui dissimuler les véritables implications d'une *condition historique* demeurée jusque-là fort abstraite à ses yeux.

Nous verrons plus loin comment son œuvre va désormais être sous-tendue par le constant souci de dévoiler toujours mieux ces implications et de poser en termes de plus en plus précis *le problème pratique du rapport des hommes au monde humain*, c'est-à-dire à l'histoire en train de se faire. Mais si nous voulons comprendre en quoi consiste réellement le très considérable apport de cette phase nouvelle, il faut que d'abord nous nous rendions capables d'entrevoir, *sous sa nouveauté*, ce en quoi elle peut et doit néanmoins être considérée comme relevant de *la même pensée* — celle de Sartre... — que toute la période antérieure : ni le terme de « conversion », que nous avons cru pouvoir adopter, ni celui de « *guérison* », que Sartre se plaît à utiliser, ne doivent ici nous induire en erreur. Car il est bien vrai que de toute façon nous ne cessons jamais de *devenir* ; mais cela signifie que nous nous changeons en quelque « autre » *que nous*, et qu'ainsi nous ne pouvons jamais devenir autre que par rapport à nous, c'est-à-dire sous les espèces de quelque autre *nous-même* [1].

Ou bien nous parviendrons à repérer dans sa continuité même *le* mouvement réflexif de *la* conscience sartrienne, en tant qu'il a débouché sur la *Critique de la raison dialectique* après avoir produit *L'être et le néant*, ou bien nous devrons nous condamner à laisser échapper l'essentiel de ce que cette pensée peut avoir à nous dire : son ressort effectif, *sa vérité singulière*, — cela même en fonction de quoi chacun de nous aura à son tour quelque chance de projeter réellement, pour son propre compte, *la vérité humaine* dont elle est le projet.

Le passage à « l'universel concret », l'humanisation du

---

1. Saint Paul n'est pas seulement, après l'affaire du chemin de Damas, autre que n'importe quel païen : c'est un autre Saül de Tarse. Pareillement, la façon de n'être pas communiste diffère beaucoup pour un communisant qui n'a jamais été inscrit au P.C., et pour un ancien communiste qui s'en est exclu (ou fait exclure) après y avoir adhéré dans l'enthousiasme : dans les deux cas on est *autre que communiste*, mais dans le premier on l'est *plutôt contre soi* (en se retenant d'adhérer par crainte de ne pouvoir se plier à tous les aspects de la discipline imposée) et, dans le second, *plutôt contre le parti lui-même* (par dépit amoureux, par ressentiment ou par humiliation).

monde humain, implique un dépassement progressif de ce monde actuel selon le schème de la *reconnaissance réciproque*, qui est *invention*, par chacun, du « même » en l' « autre », de l'homme en n'importe quel homme. Mais comment parviendrai-je jamais à me reconnaître en mon plus proche voisin, et à le reconnaître en moi, si je ne suis même pas capable de reconnaître Sartre en Sartre — celui de 1943 dans celui de 1960 ou de 1968 ? Ici et là, en effet, le problème se pose en termes identiques. Car ce « même », qu'il s'agit dans les deux cas de reconnaître en l' « autre », c'est une liberté concrète, incarnée et située ; et, dans les deux cas, il s'agit de la reconnaître *compte tenu de son altérité* : c'est-à-dire à la fois de sa *condition subjective* (conscience séparée) et des *conditions de fait*, toujours plus ou moins particularisées, en fonction desquelles il lui a fallu se faire. Si la pensée de Sartre n'est valable à nos yeux qu'à partir de telle ou telle de ses manifestations, cela signifie ou bien qu'une espèce de liberté pure lui aurait été donnée d'un seul coup, après une période de pur condition-nement, ou bien qu'elle serait demeurée totalement déterminée, mais que certaines modifications survenues dans son conditionnement l'auraient soudain changée en un reflet satisfaisant de quelque Vérité objective. En fait, les deux hypothèses se rejoignent, puisqu'elles rendent pareillement inconcevable tout rapport effectif entre nos consciences humaines et cette « conscience » abstraite, d'emblée définie en termes irréels. Mais c'est qu'elles refusent, l'une et l'autre, de reconnaître Sartre lui-même en tant qu'auteur de sa propre pensée, en tant que respon-sable de son évolution. Quant à lui, en tout cas, sa position à cet égard est sans équivoque : « J'ai changé, dit-il, comme tout le monde : à l'intérieur d'une permanence [1]. »

Nous essaierons donc maintenant de dégager, en quelque sorte, « *les constantes* » *de l'attitude sartrienne*. C'est dire que nous aurons à utiliser simultanément la pensée même de Sartre en tant qu'elle s'exprime dans le cours de son œuvre (ou dans les commentaires occasionnels qu'il en a fournis çà et là), et l'éclairage que constitue par ailleurs son début d'autobiographie, quant à l'enracinement de cette pensée dans le contexte familial et social de sa petite enfance.

---

1. Interview citée (*Le Monde*, 18 avril 1964).

Si nous nous risquons d'abord, dans un rapide survol, à prendre une vue globale de l'œuvre (fût-ce en la limitant à cette période que nous avons déjà parcourue sur le plan théâtral, entre 1943 et l'espèce de « point d'inflexion » de 1954), c'est le thème de *l'orgueil*, me semble-t-il, qui se profile aussitôt comme l'épine dorsale, la ligne de force et le plus essentiel ressort de la pensée sartrienne. Orgueil *pratique*, bien entendu : *orgueil de la liberté*, et qui refuse de se confondre avec les *vanités de l'être*. Car il s'agit toujours, pour la conscience orgueilleuse, de se dépasser, de s'arracher à soi, de nier sans relâche, et par ses actes mêmes, l' « en-soi » auquel sa propre contingence l'incline constamment à s'identifier. Et cet orgueil est nécessairement *lucide*, puisque la « liberté » dont il affirme ainsi la « transcendance » n'est précisément conçue par lui qu'en rapport avec sa « facticité » même, sur laquelle il lui faut bien prendre appui dans son perpétuel effort de *libération*. Et nous avons pu voir, sur de nombreux exemples, jusqu'où va cette lucidité : jusqu'à concevoir notamment que le choix orgueilleux de la liberté court à chaque instant le risque de se changer en l'absurde prétention d'*être libre*, qui en constitue le parfait reniement. Le propre du Bâtard est précisément d'avoir compris que la condition humaine se caractérise par cette double et radicale exclusion : aucun refuge du côté du Père, aucun alibi du côté de l'Esprit ; aucune possibilité d'évasion, ni « en arrière » (vers l'absolue consistance en soi de l'*être*), ni « en avant » (vers l'absolue transparence à soi d'une *conscience pure*). De sorte qu'il nous faut ici tenter de comprendre comment il se fait qu'une telle attitude — à la fois si orgueilleusement *exigeante* et si lucidement *modeste* — ait pu coexister chez Sartre, durant de longues années, avec cette forme de *fuite* qu'il a lui-même caractérisée sous le nom de « *névrose* ».

Autrement dit, il s'agirait (reprenant un instant la terminologie chrétienne de la Trinité) de se demander quelle peut bien être l'incidence de la mort du Père sur le comportement réel d'un homme à l'égard de l'Esprit. Or ce que montre à cet égard une lecture tant soit peu attentive des *Mots*, c'est que le jeune Jean-Paul — devenu orphelin de père — se trouva contraint, pour échapper au sentiment de son insignifiance et à sa vie « *injustifiée* » d'enfant « *truqué* » (trop « aimé », mal aimé, « *surnuméraire* »), de s'inventer lui-même — en inventant sa propre raison d'être. « *Je n'avais, à sept ans, de recours qu'en moi qui n'existais pas encore... Je naquis pour combler le grand besoin que j'avais de moi-même... Fils de personne, je fus ma propre cause, comble d'orgueil et comble de misère.* »

Fils de personne, c'est-à-dire fils de soi-même : le père et le fils dans une même personne, le Fils en personne... Mais s'il n'est plus poussé par le Père, il faut bien qu'il se fasse tirer par l'Esprit : « *Puisque personne ne me revendiquait sérieusement, j'élevai la prétention d'être indispensable à l'Univers.* » Et c'est bien le thème du « messie » qu'on peut voir affleurer dans l'admirable fantasme du « *voyageur sans billet* », que le petit Jean-Paul ne tarde point à concevoir pour l'opposer aux mensonges concrets de « *la comédie familiale* » :

« *Voyageur clandestin, je m'étais endormi sur la banquette et le contrôleur me secouait. « Votre billet ! » Il me fallait reconnaître que je n'en avais pas. Ni d'argent pour acquitter sur place le prix du voyage. Je commençais par plaider coupable : mes papiers d'identité, je les avais oubliés chez moi, je ne me rappelais même plus comment j'avais trompé la surveillance du poinçonneur, mais j'admettais que je m'étais introduit frauduleusement dans le wagon. Loin de contester l'autorité du contrôleur, je protestais hautement de mon respect pour ses fonctions et je me soumettais d'avance à sa décision. A ce point extrême de l'humilité, je ne pouvais plus me sauver qu'en renversant la situation : je révélais donc que des raisons importantes et secrètes m'appelaient à Dijon, qui intéressaient la France et peut-être l'humanité. A prendre les choses sous ce nouveau jour on n'aurait trouvé personne, dans tout le convoi, qui eût autant que moi le droit d'y occuper une place. Bien sûr il s'agissait d'une loi supérieure qui contredisait le règlement mais, en prenant sur lui d'interrompre mon voyage, le contrôleur provoquerait de graves complications dont les conséquences retomberaient sur sa tête ; je le conjurais de réfléchir : était-il raisonnable de vouer l'espèce entière au désordre sous prétexte de maintenir l'ordre dans un train ? Tel est l'orgueil : le plaidoyer des misérables. Seuls ont le droit d'être modestes les voyageurs munis de billets. Je ne savais jamais si j'avais gain de cause : le contrôleur gardait le silence ; je recommençais mes explications ; tant que je parlerais j'étais sûr qu'il ne m'obligerait pas à descendre. Nous restions face à face, l'un muet, l'autre intarissable, dans le train qui nous emportait vers Dijon. Le train, le contrôleur et le délinquant, c'était moi. Et j'étais aussi un quatrième personnage ; celui-là, l'organisateur, n'avait qu'un seul désir : se duper, fût-ce une minute, oublier qu'il avait tout mis sur pied. »*

Car le mouvement qui conduit du Père à l'Esprit, de l'autorité de la loi à l'exigence du sens (et d'un régime de droit divin à celui de la reconnaissance réciproque), doit sans doute être tenu pour positif... dès lors qu'il se manifeste dans une pratique effective du monde, et que la conscience concernée ne s'y borne pas à résoudre idéalement une contradiction mythique : faute d'avoir eu à assumer la condition concrète de fils, Jean-Paul ne s'est guère trouvé confronté qu'à ses propres fantasmes. Sommé de se « créer » à un âge où il ne disposait encore d'aucun moyen de se *produire* réellement, il n'a pu que s'inventer un personnage imaginaire, dont la fonction était nécessairement d'ordre *mystique*, puisqu'il était « appelé » à se dépasser absolument à partir d'une réalité qui échappait à ses prises. Parce que Karl Schweitzer n'était ni un témoin de Dieu ni un substitut valable du Père et demeurait cependant, auprès de lui, le seul représentant concevable de la Loi et du Sens, Jean-Paul se vit infliger, entre sept et dix ans, une condition hybride et dangereusement instable, où l'instance paternelle et l'instance spirituelle se trouvaient plus ou moins confondues et où les défaillances de l'une ne le renvoyaient jamais qu'à l'inconsistance de l'autre. Ainsi, à la *fausse situation* qui lui était devenue intenable, ne fut-il en mesure de riposter que par la solution fictive d'un *faux problème*. Ce « *mandat* », en effet, dont il avait besoin de se sentir investi pour justifier son existence, d'où pouvait dès lors procéder sa prétendue réalité, sinon de la conscience même du « mandataire », — au prix de sa perpétuelle oscillation entre une *libre* intériorisation de la loi (en tant que discipline vide et purement formelle) et la *nécessitation* du contenu (de l'Esprit, du Sens) par sa projection dans un « ailleurs » absolu, d'où puisse irrécusablement procéder la finalité propre de la mission, sa raison d'être. « *J'étais la proie de deux mystiques opposées mais je m'accommodais fort bien de leurs contradictions. Cela m'arrangeait, même, d'être à la fois cadeau du Ciel* (selon une des expressions favorites de Karl) *et fils de mes œuvres. Les jours de bonne humeur, tout venait de moi, je m'étais tiré du néant par mes propres forces pour apporter aux hommes les*

*lectures qu'ils souhaitaient : enfant soumis, j'obéirais jusqu'à
la mort mais à moi. Aux heures désolées, quand je sentais
l'écœurante fadeur de ma disponibilité, je ne pouvais me
calmer qu'en forçant sur la prédestination : je convoquais
l'espèce et lui refilais la responsabilité de ma vie ; je n'étais
que le produit d'une exigence collective. La plupart du temps,
je ménageais la paix de mon cœur en prenant soin de ne jamais
tout à fait exclure ni la liberté qui exalte ni la nécessité qui
justifie.* »

Dans le détail des opérations, on peut voir en effet que
Jean-Paul s'est assez bien débrouillé — dès qu'un semblant
de contenu lui a été proposé sous les espèces de la littérature et du métier d'écrire — pour investir d'une véritable
autorité, au moment décisif, ce grand-père qui s'y prêtait
si mal ; ainsi est-il plus ou moins parvenu à conférer un
semblant de réalité à cette impossible synthèse d'une
« contrainte » *intériorisée* et d'un « sens » *tenu pour objectif.*
C'était là, sans doute, revenir au Père pour en fortifier
l'Esprit : mais c'était y revenir selon soi-même, en revenant
à soi, — quand l'Esprit, lui, demeurait *ailleurs.* Si Sartre,
aujourd'hui encore, se sent tenu d'écrire, c'est pour s'être
fait annoncer à travers son grand-père, il y a plus de cinquante ans, que l'écriture lui serait une tâche ingrate et
qu'en s'y consacrant néanmoins il aurait ainsi quelque
chance de lui arracher son salut, de *mériter* qu'elle le justifie. « *La voix de mon grand-père, cette voix enregistrée qui
m'éveille en sursaut et me jette à ma table, je ne l'écouterais
pas si ce n'était la mienne, si je n'avais, entre huit et dix ans,
repris à mon compte, dans l'arrogance, le mandat soi-disant
impératif que j'avais reçu dans l'humilité.* »

Ainsi constatons-nous que l' « invention » de Sartre par
lui-même — cette seconde naissance qui lui permit de se
récupérer sur ce que la comédie familiale avait fait de
lui — ne s'est nullement produite en quelque instant précis, mais à travers différents moments qui s'échelonnent,
semble-t-il, sur deux ou trois années de son enfance.

Car il n'y eut tout d'abord qu'une forme « humble » et
purement *défensive* de l'orgueil sartrien ; parce qu'il ne
croyait plus aux sentiments que les autres affichaient à son
égard, parce qu'il ne pouvait plus *compter sur eux* pour
s'assurer de sa propre existence, Jean-Paul se mit à *ne plus
compter que sur soi* : « *Je pris en haine les pâmoisons heu-*

reuses, *l'abandon, ce corps trop caressé, trop bouchonné, je me trouvai en m'opposant, je me jetai dans l'orgueil et le sadisme, autrement dit dans la générosité.* » Si les choses en étaient restées là, ce n'eût été de sa part qu'une vaine révolte, bientôt diluée dans la complicité de fait qui le liait à ses bienfaiteurs : « *Tout se passa dans ma tête : enfant imaginaire, je me défendis par l'imagination* » Au niveau des petits « romans d'aventure » dont il noircissait des cahiers entiers avec une sorte de frénésie, l'acte d'écrire n'était encore, en effet, que repli sur soi, simple tentative de se ressaisir lui-même sur le mensonge dont sa jeune vie lui apparaissait déjà rongée : « *J'échappais à la comédie... Je suis né de l'écriture... Écrivant, j'existais, j'échappais aux grandes personnes... Je connus la joie; l'enfant public se donna des rendez-vous privés.* »

« *C'était trop beau pour durer...* » *:* les grandes personnes ne tardèrent pas en effet à tirer Jean-Paul de sa « *clandestinité* », en le sommant de se découvrir une « vocation » ; c'est-à-dire en lui attribuant tout net celle d'écrivain, qu'ils avaient trouvé plus simple de lui découvrir euxmêmes. Et c'est alors que Karl Schweitzer, sans le vouloir, passa la main au Saint-Esprit, — après être un moment redevenu Yaveh, ou tout au moins Moïse, sur les secrètes instances de son petit-fils en quête d'une Loi. Cependant que l'orgueil de ce dernier prenait une forme *offensive*, sa composante d'humilité s'étant, comme on l'a vu, changée en « *arrogance* »...

Tout Sartre, sauf erreur, est dans cette arrogance : tous les moments de sa pensée en procèdent d'une manière ou d'une autre, — et sa « guérison » même, autant que sa « névrose ». On s'efforcera donc d'en préciser le sens.

L'erreur la plus grave serait ici de méconnaître plus ou moins les motivations mêmes de cette attitude, soit en sousestimant leur force soit en négligeant de faire intervenir telle ou telle d'entre elles

Car il s'agit d'un enfant élevé « *seul entre un vieillard et deux femmes* » *;* pendant des années, on lui a répété qu'il était un don du ciel, une petite merveille, sans jamais lui demander autre chose que de plaire à son entourage afin que son entourage pût se complaire en lui. Orphelin de père, il lui a manqué d'emblée cette sorte d'assurance, de respect de soi que le géniteur communique à sa progéniture et qui s'appelle « droit de vivre ». « *Petit-fils modèle* » d'un grand-père qui joue à être grand-père, il vit dans l' « *imposture* » et il en éprouve le « *défaut d'être* », bien avant de se connaître « *imposteur* » et de pouvoir mesurer le « *cabotinage* » des adultes [1] : « *Je sentais mes actes se changer en gestes. La Comédie me dérobait le monde et les hommes : je ne voyais que des r les et des accessoires...* » A un âge où il n'est guère possible de distinguer le vrai du réel, c'est la réalité même qui lui fait défaut, parce qu'il ne lui vient que mensonges et faux-semblants de la part de ceux dont il reçoit tout. « *Ma vérité, mon caractère et mon nom étaient aux mains des adultes ; j'avais appris à me voir par leurs yeux ; j'étais un enfant, ce monstre qu'ils fabriquent avec leurs regrets.* »

Mais cette *réalité* qui lui demeure insaisissable (dans la mesure où il ne parvient ni à s'approprier celle du monde, ni à s'assurer de la sienne propre), la voici, corrélativement, qui reflue sur lui, l'encombre et le submerge, jusqu'au « *malaise* », — sous les espèces de la *contingence* et, plus particulièrement, de la *chair* : « *je fuyais mon corps injustifiable et ses veules confidences* ». Quand une conscience ne parvient pas à tenir sa propre existence charnelle pour solidement ancrée dans quelque raison d'être, c'est la « *nausée* » qui la guette, c'est l' « *ennui* » : « *le goût que l'homme a nécessairement pour lui-même, la saveur de l'existence* », dira Sartre à propos de Baudelaire (ajoutant d'ailleurs que celui-ci « *a comme une intuition profonde de cette contingence amorphe et obstinée qu'est la vie* », et qu' « *il en a horreur, parce qu'elle reflète à ses yeux la gratuité de sa propre conscience* » qu'il veut à tout prix se dissimuler). C'est dans *La Nausée*, précisément, que Sartre

---

1. Ce cabotinage, bien sûr, c'est à travers des changements plus ou moins insensibles que Jean-Paul en fut tour à tour la *victime*, le *complice* et, pour finir, le *dénonciateur conscient*. Aussi remarque-t-il que sa propre façon d'y répondre lui demeure nécessairement ambiguë : « *Comment pourrais-je fixer — après tant d'années surtout — l'insaisissable et mouvante frontière qui sépare la possession du cabotinage ?* » Plus précisément, il notera encore : « *On se rebelle contre un bourreau et je n'avais que des bienfaiteurs. Je restai longtemps leur complice.* » Et sans doute la vive condamnation du truquage des enfants par les adultes, qui court d'un bout à l'autre de son œuvre, tire-t-elle en grande partie sa très constante violence de ce sentiment qu'il a eu d'avoir été profondément « *refait* », jusqu'à contribuer *lui-même* à cette *altération de soi* qui lui était infligée du dehors.

Le grand-père de Jean-Paul.

fera dire à Roquentin : « *Je m'ennuie, c'est tout... C'est un ennui profond, profond, le cœur profond de l'existence, la matière même dont je suis fait.* » Un pas de plus et nous débouchons sur l'angoisse de la mort : « *Je me sentais de trop, donc il fallait disparaître. J'étais un épanouissement fade en instance perpétuelle d'abolition En d'autres termes, j'étais condamné, d'une seconde à l'autre on pouvait appliquer la sentence* » Chez Baudelaire, cette angoisse confine au vertige : « *S'il a pu si souvent envisager le suicide, c'est qu'il se sentait un homme de trop* » ; chez Jean-Paul, elle reste simple terreur devant cette prétendue sentence : « *Je la refusais... de toutes mes forces, non que mon existence me fût chère mais, tout au contraire, parce que je n'y tenais pas : plus absurde est la vie, moins supportable la mort* [1]. »

Ne manquons pas d'apprécier au passage le violent paradoxe que Sartre, délibérément, inflige ici à son lecteur : si j'avais horreur de la mort, dit-il en effet, c'est dans l'exacte mesure où je n'aimais pas la vie... Or il se trouve que, reprenant ce thème une centaine de pages plus loin, il s'exprime cette fois de telle sorte qu'on se sentirait presque tenu de remettre en cause la différence apparue il y a un instant entre le cas de Jean-Paul et celui de Baudelaire : « *La mort était mon vertige parce que je n'aimais pas vivre : c'est ce qui explique la terreur qu'elle m'inspirait.* » A première vue, cette nouvelle formulation est doublement satisfaisante : en tant qu'elle fait droit à la classique ambivalence (refus et désir conjugués) du sentiment vis-à-vis de son objet, et qu'en nous permettant de le réinterpréter dans ce sens elle résout du même coup notre paradoxe initial. Mais si l'on y regarde de plus près, on ne tardera pas à découvrir que les deux formulations ne sont pas réellement superposables : car elles concernent en fait deux moments différents dans l'évolution de Jean-Paul, dont l'un appartient à la phase « défensive » et l'autre à la phase « offensive », *arrogante*, de cet orgueil sartrien que nous tentons de définir.

---

1. « *Dieu m'aurait tiré de peine*, ajoute Sartre à ce propos : *j'aurais été chef-d'œuvre signé; assuré de tenir ma partie dans le concert universel, j'aurais attendu patiemment qu'Il me révélât ses desseins et ma nécessité.* » Et il précise encore : « *Je pressentais la religion, je l'espérais, c'était le remède. Me l'eût-on refusée, je l'eusse inventée moi-même. On ne me la refusait pas...* » Tout à l'inverse, en effet, on la tenait à sa disposition, sous des formes si parfaitement insignifiantes qu'il eût été bien en peine d'y trouver le moindre remède à sa propre insignifiance. Mais il est par ailleurs permis de douter qu'aucune religion, sous quelque forme que ce soit, eût été longtemps capable de satisfaire cette étrange vocation de fidélité, dont on nous dit qu'elle fût aussi bien allée, le cas échéant, jusqu'à inventer son objet même. J'ai examiné ailleurs l'ensemble de l'attitude sartrienne à l'égard de ces problèmes et l'athéisme radical qu'elle implique (cf *Sartre*, collection « Les Écrivains devant Dieu », Desclée De Brouwer, 1966) : je veux seulement noter ici, et j'espère le montrer avec plus de précision dans les pages suivantes, que le *besoin* de donner sens à sa propre vie s'est d'emblée enraciné, chez Sartre, à un niveau bien trop fondamental pour pouvoir escompter vraiment quelque profit de cette justification par « les desseins de Dieu ».

Dans le premier cas, l'enfant n'est pas encore en mesure de donner la moindre consistance à cette invention de soi dont il éprouve pourtant la très profonde urgence : ballotté entre l'artificialité mensongère de sa propre subjectivité et l'injustifiable contingence d'un corps qui le force à se découvrir « *horriblement naturel* », ce que la mort représente à ses yeux c'est la « *menace* » inscrite dans ce double non-sens, le passage à la limite de cet absurde rapport entre deux absurdités. Mais on aurait tort, me semble-t-il, d'entrevoir ici la moindre inclination au suicide : sans doute peut-on dire de sa lutte, à ce niveau, qu'elle est « désespérée [1] » ; mais le vrai désespoir, pour lui, serait précisément de se voir mourir sans être encore parvenu à nier, *dans sa vie même*, cette sorte de mort qu'elle est devenue à ses yeux.

Dans le second cas, la situation est fort différente : le Saint-Esprit est venu prendre la relève de l'instinct de conservation, et le mandat de Jean-Paul s'est plus ou moins déterminé. Si le problème est bien toujours, pour lui, *de ne plus compter que sur soi* faute de pouvoir compter sur les autres, du moins s'agit-il désormais de compter sur soi *en tant qu'appelé à devenir celui sur qui les autres (tous les autres) auront besoin de compter* Mais c'est qu'entre-temps, il s'était fait retourner par Karl « *comme une peau de lapin* » et que l'écriture avait cessé d'être à ses yeux un moyen *clandestin* de s'arracher au néant. Finie, cette fois, la période des petits romans de cape et d'épée, dont il lui importait peu d'égarer le début avant même d'en avoir écrit la fin ; exclue à jamais, par la voix d'un très provisoire Moïse, la pure possibilité du *romanesque*, où tentait secrètement de se retrouver l' « *enfant imaginaire* » : « *J'avais cru n'écrire que pour fixer mes rêves quand je ne rêvais, à l'en croire, que pour exercer ma plume.* » Car la Loi, enfin, se donnait à Jean-Paul — en tant que loi de « vérité » : en tant qu'exigence de n'écrire plus que pour nommer le réel. Ainsi acquérait-il le moyen de prendre au sérieux

---

1. Et tout concourt, en effet, à la rendre telle : son grand-père commence à manifester, vis-à-vis de lui, deux formes de déception à la fois, l'une portant précisément sur son aspect physique et l'autre sur ce qu'il pouvait encore lui rester d'illusions quant à son statut de « cadeau du Ciel » et aux dons qu'il était censé impliquer. « *Mes affaires allaient de mal en pis...* »

ses tentatives d'auto-justification dans la mesure où elles consisteraient désormais à sauver sa propre vérité *en sauvant celle du monde.*

En ce qui concerne le salut personnel, l'affaire se présentait au mieux. Premier point : « *Peignant de vrais objets avec de vrais mots tracés par une vraie plume, ce serait bien le diable si je ne devenais pas vrai moi aussi. Bref je savais, une fois pour toutes, ce qu'il fallait répondre aux contrôleurs qui me demanderaient mon billet.* » Second point : passer de l'écriture sauvage à ce dur métier d'écrire, c'était renoncer à soi-même en tant que héros de roman pour se sacrifier à une Cause objective et nécessairement ingrate [1] ; c'était, par conséquent, mériter d'autant mieux cette sorte d'investissement par l'Absolu dont Jean-Paul attendait la garantie de sa propre réalité ; c'était donc, enfin, passer du rêve au sérieux sans pour autant cesser de donner dans *l'héroïsme,* dont Sartre nous dit qu'il faisait « *l'unique objet de (sa) passion* » (« *c'est la flambée des âmes pauvres ; ma misère antérieure et le sentiment de ma gratuité m'interdisaient d'y renoncer tout à fait* »).

Quant au salut du monde, sans doute se profilait-il sous une forme un peu plus complexe. Conçu comme la totalité des objets réels (arbres ou fauteuils, peu importe), le monde n'avait évidemment rien à objecter aux prétentions du futur écrivain : « *L'Univers s'étageait à mes pieds et toute chose humblement sollicitait un nom : le lui donner c'était à la fois la créer et la prendre. Sans cette illusion capitale, je n'eusse jamais écrit.* » Mais comment se contenter de cette sollicitation muette, et comment se justifier tout seul, en ne « créant » et ne « prenant » les choses que pour son propre usage ? C'est ici qu'apparaît nécessaire l'entrée en scène des autres, de tous les autres ; et nous avons déjà pu noter que Jean-Paul, vis-à-vis d'eux, ne parvenait à maintenir la consistance de son mandat qu'en se concevant lui-même, tour à tour, comme *absolu sujet* (qui a seul choisi de leur donner les choses dans leur véritable réalité) ou comme *objet absolu* (« pur produit » de leur commune exigence de disposer du monde). Du moins est-il assez clair que, dans

---

1. Karl, en effet, prit grand soin de convaincre son petit-fils que, s'il était « *doué pour écrire* », il ne devait compter en aucun cas sur le genre de réussite auquel peuvent seuls prétendre les génies littéraires.

l'un et l'autre cas, c'est bien par lui, Jean-Paul, que tout devra passer.

En fait, il s'agit d'une attitude d'ordre résolument mystique, en fonction de laquelle les autres étaient voués à demeurer de simples figurants, une sorte de totalité vague et abstraite, — un pur prétexte, enfin, pour les exercices spirituels de notre jeune Sauveur. « *Je confondis la littérature avec la prière, j'en fis un sacrifice humain. Mes frères, décidai-je, me demandaient tout simplement de consacrer ma plume à leur rachat... On écrit pour ses voisins ou pour Dieu. Je pris le parti d'écrire pour Dieu en vue de sauver mes voisins. Je voulais des obligés et non pas des lecteurs. Le mépris corrompait ma générosité...* »

« *Le mépris...* » En recourant lui-même, ici, à l'un des plus redoutables mots de notre langue, Sartre nous livre-t-il enfin le véritable sens de son « orgueil », et de cette « arrogance » qu'il y dénonçait déjà? C'est ce que nous allons maintenant tenter de voir. Mais avant même d'aborder cette dernière phase de notre réflexion sur l'enracinement concret de la philosophie sartrienne, nous pouvons déjà proposer, quant à l'horreur de la mort chez Jean-Paul, une conclusion que les analyses suivantes ne risquent guère d'infirmer. Car le « vertige » mentionné par Sartre dans sa seconde formulation semble bien pouvoir se comprendre, en fonction de cette poursuite mystique du Salut, comme l'espèce de gouffre toujours béant dont le vide ne cessera d'exercer sur sa vie même une attraction décisive. Sous son apparence d'inclination vers la mort, ce vertige va ainsi constituer pour Sartre, en réalité, le plus puissant ressort de son mouvement d'existence. Et sans doute la menace de la mort continuera-t-elle de hanter cette démarche vivante, mais pour en constituer *le sens* et non pour en représenter *le terme*. « *Je voulus mourir ; parfois l'horreur glaçait mon impatience : jamais longtemps ; ma joie sainte renaissait, j'attendais l'instant de foudre où je flamberais jusqu'à l'os...* » : comment éviter de lire, entre ces quelques lignes, la perpétuelle exigence *de se faire exister au maximum*, — en confrontant sans répit son existence réelle à cette absolue intensité d'existence qui seule pourrait nier absolument la mort, et que nous ne pouvons concevoir, précisément, qu'en la confondant avec elle dans un ultime embrasement. Sartre lui-même, d'ailleurs, semble bien confirmer cette interprétation, lorsqu'il nous propose de voir, dans cette « *entreprise folle d'écrire pour (se) faire pardonner (son) existence* », à la fois « *quelque réalité* » (puisqu'il se trouve qu'il est encore en train d'écrire, cinquante ans plus tard) et « *une fuite en avant, un suicide à la Gribouille* » : car si le vrai Gribouille, en fait, n'améliorait guère sa situation en se jetant à l'eau de peur d'être mouillé par la pluie, la version sartrienne de son « suicide » offre au contraire l'avantage de n'être pas d'emblée condamnée à tourner court. « *Plus que l'épopée, plus que le martyre*, précise pourtant Sartre, *c'était la mort que je cherchais* » : sans doute, mais pour en finir avec « son » *existence de fait*, et au prix d'engager dans cette recherche tout son besoin de *se faire exister*. Et j'entends bien que toute la page suivante, dans le texte de Sartre, pourrait être assez bien résumée par un facile jeu de mots entre « névrose » et « nécrose » : l'illusion de pouvoir s'en remettre à l'écriture pour justifier son existence y apparaît en effet comme un choix de la réification, en tant qu'elle suppose l'absurde projet d'échapper à sa propre contingence en se faisant *livre*, c'est-à-dire *objet chargé de sens* (« *tout un homme, pensant, parlant, chantant, tonitruant, qui s'affirme avec l'inertie péremptoire de la matière* »). Mais que faut-il penser d'un prétendu choix de la mort, quand sa façon de s'accomplir est de susciter une existence entière, — et d'abord d'en ressusciter l'auteur lui-même, en l'arrachant à une mort vivante qu'il n'avait pas choisie ? Si « folle » que soit une *entreprise*, ce qui la distingue en tout cas d'un suicide c'est qu'il lui faut à tout moment tirer son sens de sa poursuite même : c'est que le *désir d'être* s'y trouve en réalité maintenu sous la constante dépendance du *choix d'exister* [1].

Reste à savoir, bien sûr, si un tel choix ne se contredit pas d'emblée à sa racine même, dès lors qu'il s'accompagne de ce « *mépris* » auquel Sartre nous le montrait tout à l'heure, chez Jean-Paul, étroitement lié.

---

1. Viser la gloire *posthume* de l'écrivain, c'est à coup sûr ne viser que la mort : mais c'est la viser à travers l'entreprise d'écrire, et donc la condamner à n'être que l'envers de l'existence même. Or c'est seulement à la faveur de cette opération première (dont le fondement est d'ordre pratique) qu'on peut saisir la possibilité du « *tour de passe-passe* » désigné par Sartre (« *J'ensevelis la mort dans le linceul de la gloire, je ne pensai plus qu'à celle-ci, jamais à celle-là, sans m'aviser que les deux n'étaient qu'une* »), ainsi que de sa remarquable inaptitude, aujourd'hui comme hier, à s'éprouver mortel.

On notera d'abord, à cet égard, que Jean-Paul n'eut pas à inventer l'idée du rachat de l'espèce humaine par la littérature : elle lui fut soufflée par son grand-père, qui la tenait lui-même d'un mythe bourgeois renforcé par sa propre situation de quasi- « parvenu » à l'égard de la langue française (celle-ci « *l'émerveillait encore, à soixante-dix ans, parce qu'il l'avait apprise difficilement et qu'elle ne lui appartenait pas tout à fait* »). Quant au mythe, le voici clairement résumé : « *Le monde était la proie du Mal ; un seul salut : mourir à soi-même, à la Terre, contempler du fond d'un naufrage les impossibles Idées. Comme on n'y parvenait pas sans un entraînement difficile et dangereux, on avait confié la littérature à un corps de spécialistes. La cléricature prenait l'humanité en charge et la sauvait par la réversibilité des mérites.* » Ainsi importait-il d'écrire (et de méditer solitairement sur le Beau et le Bien) « *pour arracher l'espèce à l'animalité* », pour sauver les autres hommes « *d'une insuffisance d'être qui, sans l'intercession des Saints* (c'est-à-dire des clercs), *les aurait voués en permanence à l'anéantissement* ».

« *Sales fadaises* », commente Sartre, ajoutant qu'il les gobait alors « *sans trop les comprendre* » mais qu'à cause d'elles il a longtemps tenu l'œuvre d'art « *pour un événement métaphysique dont la naissance intéressait l'univers* ». Et le fait est qu'il en tirait à lui le sens, ne retenant du mythe que ce qu'il lui importait d'en prendre : son éventuelle dimension d'héroïsme et la possibilité d'y investir personnellement toute sa mise, en choisissant d'y servir sans réserve une Cause absolue. L'idée même de se sacrifier à tous, j'y vois pour ma part, chez cet enfant de neuf ou dix ans, bien plus une *méprise* (d'ordre circonstanciel) qu'une quelconque forme de *mépris* : car le contenu réel, à travers le conditionnement qu'elle recevait de l'entourage, semble en avoir été constitué par la conscience qu'avait Jean-Paul de sa propre misère (au sens ontologique du terme) et par sa conviction de ne pouvoir remédier à ce radical « manque d'être » qu'au prix d'une attitude elle-même radicale. « *C'était mon droit de vivre que je mettais en question. En cette humanité sans visa qui attend le bon plaisir de l'Artiste, on aura reconnu l'enfant gavé de bonheur qui s'ennuyait sur son perchoir. J'acceptais le mythe odieux du Saint qui sauve la populace, parce que finalement la populace c'était moi.* »

Ainsi son arrogance ne consistait-elle pas à se tenir pour

supérieur aux autres, mais bien plutôt à tenir pour exceptionnel son propre « *isolement* » (son « *délaissement* », sa « *déréliction* ») et à s'imaginer contraint, dès lors, à quelque forme exceptionnelle de sacrifice actif, d'héroïsme combattant, — de *militantisme*, dirais-je volontiers, si le lecteur ne devait pas avoir trop de mal à me pardonner ce glissement de terrain. « *J'étais élu, marqué mais sans talent : tout viendrait de ma longue patience et de mes malheurs.* »

Quand l'homme cesse de se sentir habité par la projection de sa propre transcendance sous la forme d'un Absolu « d'en haut », son premier mouvement ne peut être que de tenter la radicale intériorisation du Père et de concevoir qu'il lui faut payer de sa propre vie cette absolue re-naissance. Devenu fils de Personne, et se voulant dès lors Dieu-le-Fils, c'est par *le sacrifice suprême* — d'emblée disposé à l'horizon de sa vie — qu'il lui faut se faire annoncer sa

résurrection et en mériter le prodige. Encore faut-il que ce sacrifice ait un sens, et que ce sens soit universel, pour qu'apparaisse vraiment comblée l'absence de cet Autre (à la fois Père et Esprit) dont le rôle était précisément de figurer, ailleurs, *l'être du Sens*. Ainsi chaque homme [1], en ce premier mouvement, se trouve-t-il incité à prendre l'Homme en charge et, dans l'espoir de renaître *lui-même*, à exister sa propre mort *au nom de tous*.

Ce *moment de l'humanisme*, nous avons déjà vu Sartre lui-même en dénoncer si souvent la composante *idéaliste* que nous ne savons plus y reconnaître l'une des phases capitales de la progressive *invention de l'homme par l'homme*. Et sans doute une certaine image chrétienne du Christ — où l'entreprise de rédemption semble reposer toute entière

---

1. A supposer, bien sûr, qu'il se soit rendu plus ou moins conscient de sa personnelle insignifiance...

sur la plus humble acceptation de la pire souffrance — contribue-t-elle encore, par sa prétendue exemplarité, à disqualifier à nos yeux la complexe réalité de l'attitude en cause. Mais comment une conscience humaine pourrait-elle jamais tirer quoi que ce soit de son humilité, si elle négligeait d'y saisir sa propre dimension d'être, sa contingence, sa « facticité », c'est-à-dire, précisément, ce qu'il lui incombe à tout moment de *transcender* par ses entreprises, en tant qu'elle se veut conscience, pouvoir signifiant, perpétuel dépassement de soi par soi ? Car c'est l'orgueil de *donner sens* qui peut seul donner sens et valeur à quelque humilité que ce soit ; et c'est en vain qu'on se créditera d'une prétendue caution spirituelle, s'il ne s'agit par là que de démissionner sous le couvert de l'Esprit en renonçant à se concevoir soi-même comme *esprit au travail*. Ou bien mon existence m'apparaît de toute façon condamnée à demeurer illusoire (« vanité des vanités »...), et peu importe, alors, l'usage que j'en fais ; ou bien je ne puis éviter de me considérer comme partie prenante et comme agent réel par rapport à la Cause que je choisis de servir. Renoncer à se vouloir, à exister selon soi-même, dans l'espoir d'être voulu et totalement sauvé, c'est pur mysticisme ; vouloir sauver les autres, et tenter de faire son propre salut, en s'engageant de toute sa conscience dans une entreprise sans recours, ce n'est qu'idéalisme, bien sûr, aussi longtemps qu'on croit pouvoir y procéder tout seul. Mais le « réalisme » et la « solidarité » ne correspondraient jamais pour nous qu'à un choix de l'échec, si nous n'y parvenions pas *en passant par cet idéalisme*, c'est-à-dire *en le dépassant*, au sens où la conscience ne peut vraiment « dépasser » que ce qu'elle *conserve* dans le moment même où elle le *nie*.

L'humilité sans l'orgueil, c'est la nuit sans le jour : à l'égard de ceux qui préconisent le jour sans la nuit, l'absurdité de la première formule peut certes revêtir, d'un point de vue polémique, une apparence de sens. Mais le lecteur a déjà pu mesurer ce qu'il entre d'humilité dans l' « arrogance » sartrienne, à quel point elle dépend, dès ses premières manifestations, du sentiment de n'être rien, de ne compter vraiment pour personne et de ne pouvoir vraiment compter sur personne. Et si toute confusion demeure cependant impossible entre cette humilité-là et une certaine humilité « chrétienne », c'est que Sartre a d'emblée considéré *comme un fait d'ordre humain* cette non-existence dont il souffrait : j'entends par là qu'il en a rendu comptables, tout à la fois, les autres et lui-même, — sans jamais tenter d'en fuir les implications pratiques soit en l'attribuant à quelque châtiment divin, soit en prétendant changer ce mal en un « bien » pour s'autoriser à ne point le combattre.

C'est en ce point précis, me semble-t-il, que son orgueil s'équilibre, trouve son centre de gravité : c'est dans ce pari initial sur la *réalité humaine* (sur l'homme comme seul responsable des avatars de l'homme) que s'enracine cette « permanence » même dont il a pu nous entretenir un demi-siècle plus tard. Et sans doute aurons-nous encore à dénoncer (à sa suite, car il y a déjà très largement pourvu...) d'autres manifestations de cette arrogance idéaliste, d'autres usages de cette arme que l'enfant s'était forgée pour lutter contre son propre néant et que l'adulte, ensuite, eut tant de mal à déposer. Du moins pouvons-nous déjà faire observer que la première, la plus essentielle et la plus durable de ces manifestations — l'activité littéraire — portait en elle-même, d'emblée, l'indication de son propre dépassement vers le monde humain et vers la solidarité : en choisissant de reconnaître *dans le métier d'écrire* le vrai contenu de ce « mandat » dont il rêvait obscurément de se voir investi, convenons en effet que le tout jeune Sartre eut en tout cas la main heureuse, quant aux possibilités de passage au réalisme que ce choix lui ménageait pour l'avenir. Non point qu'on veuille l'imaginer capable, dès ce moment-là, de reconnaître consciemment ces possibilités ; mais on n'ira pas non plus jusqu'à le prendre tout à fait à la lettre quand il assure : « *L'idée ne me vint pas qu'on puisse écrire pour être lu.* » Sans doute est-il vrai que tout se passa pour lui, du moins dans un premier temps, *comme si* l'écriture se prenait elle-même pour fin : « *J'écrivais pour écrire.* » On ne saurait pourtant négliger d'interpréter ces déclarations en fonction du contexte, et notamment du fait qu'ayant été mandaté par Karl il ne pouvait que craindre d'être lu par lui : « *Il n'aurait pas été* lecteur *à mes yeux, mais juge suprême, et j'aurais redouté qu'il ne me condamnât.* » A quoi il faut peut-être ajouter que cet enfant gavé de « comédie familiale » avait déjà été victime, en diverses occasions où il s'était encore laissé aller à jouer le jeu des adultes, d'assez pénibles reflux de leur prétendue admiration et de leur prétendue passion pour en venir à préférer désormais ne se produire que sous son propre regard. Compte tenu de cette double réaction de défense, on peut comprendre, me semble-t-il, qu'il n'ait guère été tenté de se relire lui-même (car il n'aurait pu éviter de le faire *du point de vue de son entourage*) et qu'il se soit plutôt choisi, dans l'immédiat, un Lecteur idéal : « *L'humanité dormait... Quelle solitude : deux milliards d'hommes en long et moi, au-dessus d'eux, seule vigie. — Le Saint-Esprit me regardait...* » Mais *l'acte d'écrire* — en tant qu'il finit tôt ou tard par exiger consciemment sa propre reprise dans un *acte de lire* — n'avait-il pas les plus grandes chances de l'emporter un jour sur cette provisoire attitude d'autarcie *en matière d'échange et de communication*?

Quel qu'en fût alors l'indiscernable horizon, l'entreprise, en tout cas, avait trouvé son sens, — ou plus exactement son rôle, dans l'espèce de « procès en justification » que Jean-Paul avait entamé pour son propre compte : car elle était en somme chargée, en tant que sacrifice personnel activement et patiemment consenti, d'assurer l'articulation concrète entre l'exclusion de fait dont souffrait Jean-Paul et l'élection de droit à laquelle il aspirait de tout son manque d'être. Mais c'est dire que le prétendu « mandat » selon lequel cette entreprise s'érigeait en *mission* reposait sur elle, en réalité, au moins autant qu'elle se fondait sur lui.

Or on suppose bien que la pratique de l'écriture, chez un enfant de dix ans, ne peut réellement suffire, par elle-même, à garantir le fonctionnement d'une pareille dialectique. Et c'est ici, me semble-t-il, que se situe le moment crucial de l'auto-analyse sartrienne : sa vérité même, dans la mesure où il suffit à la laver de tous les reproches de reconstruction arbitraire et d'artificialité que nous aurions pu être tentés de formuler à son encontre. Ce qui nous est en effet montré en ce point décisif, c'est que la véritable pratique dont s'est alimenté à ses débuts le processus sartrien d'auto-justification fut en somme d'ordre *moral* bien plus que *littéraire*. Le *mandat*, en tant que tel, demeurait essentiellement douteux [1] ; *l'entreprise* qui s'en récla-

---

1. Il était objet de *croyance* et non de *conviction*. « *Fondé sur le principe d'autorité* », rien ne pouvait le confirmer; fondé, simultanément,

THÉATRE
DES FOLIES NORMALIENNES
• • •
PROGRAMME

Samedi 28 Mars 1925

REVUE
DES DEUX MONDES
ou
Le Désastre de Langson
REVUE A GRAND SPECTACLE
en trois actes

Musique de Carlan   *Décor brésilien de Mégret*

OUVERTURE
Eléments principaux de la représentation

ACTE I
L'école cassée

ACTE II
Forêts demi-vierges

ACTE III
La paix des rastas

DISTRIBUTION

Didi	*Mourot*
Lasson	*Sartre*
Dupuy	*Broussaudier*
Dion	*Péron*
1ᵉʳ Normalien	*Canguilhem*
2ᵉ Normalien	*Palro*
L'abbé Périgny	*Lartant*
Timeodanaos	*Perpillou*
Dona Facentes	*Laguche*
Pizarre	*Canguilhem*
Michaud	*Simon*
Gorhner	*Bidé*
Dumas	*Laguche*
Moriset	*Broussaudier*
Le Breton	*Le Bail*
Bouglé	*Broussaudier*
Maurette	*Dion*
François Albert	*Lacot*
Painlevé	*Hanozrat*
Louvois	*Metz*
1ᵉʳ Brésilien	*Canguilhem*
2ᵉ Brésilien	*Fabre*
Un huissier	*Canguilhem*
Un Peau Rouge	*Reboul*

Chœur, Normaliens, Brésiliens, Brésiliennes, Insurgés, Diplomates.
Au 2ᵉ acte Ballet Bonvout.

mait, et qui pouvait en retour lui servir de caution, ne se présentait pas encore avec assez de consistance pour soutenir ce rôle. Déjà suspecte en elle-même, et toujours plus ou moins insuffisamment soutenue par les œuvres, « *même profonde, jamais la foi n'est entière* ». Le cordonnier qui se croit prince ne cesse ni de se savoir cordonnier ni de se comporter en prince : aussi longtemps que Jean-Paul tenta de se concevoir « mandaté », il demeura assis entre deux chaises, à la fois prince et cordonnier. « *Deux ans plus tard*, écrit Sartre, *on m'eût donné pour guéri... Or j'étais devenu tout à fait fou.* » Mais c'est qu'il ne se souciait plus de sa mission, dans l'exacte mesure où il en était désormais *possédé* « corps et âme », où il était parvenu à l'*incarner*, — on pourrait presque dire : à la « somatiser ». « *En profondeur, rien n'avait changé : ce mandat en moi déposé par les adultes sous pli scellé, je n'y pensais plus mais il subsistait. Il s'empara de ma personne. A neuf ans, jusque dans mes pires excès je me surveillais. A dix, je me perdis de vue... Abandonnée à elle-même, ma fausse mission prit du corps et, finalement, bascula dans ma nuit ; je ne la revis plus, elle me fit, elle exerçait sa force d'attraction sur tout, courbant les arbres et les murs, voûtant le ciel au-dessus de ma tête. Je m'étais pris pour un prince, ma folie fut de l'être. Névrose caractérielle, dit un analyste de mes amis. Il a raison : entre l'été 14 et l'automne de 1916 mon mandat est devenu mon caractère ; mon délire a quitté ma tête pour se couler dans mes os.* »

Ainsi l'entreprise littéraire s'est-elle confondue chez Sartre avec un comportement global, une « Weltanschauung » (vision du monde et attitude pratique indissociablement conjointes), avant même qu'il ait été en mesure de l'engager réellement. Mais, tout comme la recherche du salut implique d'emblée pour lui une entreprise effective, c'est maintenant son « *caractère* » — cette possessive incarnation, en lui, de son prétendu mandat — qui va se révéler tout aussi ambigu que le mandat lui-même.

Se tenir pour élu, c'était avoir à mériter sa résurrection jusqu'à la mort : « être » prince (c'est-à-dire être fou), ce

---

« *sur l'indéniable bonté des grandes personnes* », rien ne pouvait le démentir : « *hors d'atteinte, cacheté, il restait en moi mais m'appartenait si peu que je n'avais jamais pu, fût-ce un instant, le mettre en doute, que j'étais incapable de le dissoudre et de l'assimiler* ».

sera pareillement *avoir à l'être*, et devoir donc, sans répit, dépasser en soi le cordonnier que l'on ne cesse d'être. Ainsi est-on apparemment tout aussi fondé à soutenir que la conception sartrienne de la liberté n'est que la mise en forme philosophique des traits de caractère de Sartre lui-même (c'est-à-dire des illusions et des mythes dont Jean-Paul fut victime), ou bien qu'il a été donné à Sartre de faire, dès son jeune âge, l'expérience concrète d'une entreprise de libération, — en tant que prétention vers l'*être*, sans doute, mais vers un être toujours *à venir* et pour en nier indéfiniment son être *devenu*. Pour moi, je ne balance guère. Si la provisoire impuissance *pratique* de l'enfant (son manque de prises sur le monde réel) vouait en effet la dite prétention à se projeter en termes illusoires, je vois trop, par ailleurs, le parti positif qu'il a tiré de cette illusion même, et qu'en chevauchant le mythe de son être futur il est réellement parvenu à se changer lui-même en la plus radicale des exigences : celle de *se faire exister* sans répit, contre tout ce qui nous *fait être* et dont nous sommes constamment « refaits ». Si active et si libre que se veuille une conscience, il faut bien qu'au cours de ses démêlés avec le monde des autres elle consente, çà et là, à laisser sa *foi* (son exigence même et son véritable pari) se reposer un moment sur l'illusoire caution d'une quelconque *croyance* : ainsi doit-on concevoir toute entreprise de libération (d'ordre personnel ou d'ordre collectif) comme ayant toujours, en quelque façon, à se renier pour pouvoir se poursuivre, c'est-à-dire à se poursuivre de reniement en reniement, — de caractère en caractère, d'appareil en appareil ou d'institution en institution. S'il est assez clair que toute conception vécue de la liberté comporte un envers de mystification, encore faut-il être déjà né à *l'existence de se libérer*, avoir été contraint de la tirer de soi (de son propre néant, afin de s'en tirer soi-même), pour pouvoir ensuite dénoncer *réellement*, dans une perspective *pratique*, la part mystifiée de ses contenus successifs.

Si la liberté peut être autre chose qu'une consolante chimère pour esclaves passifs ou le vain reflet, dans la tête de quelques philosophes, de leurs privilèges de classe, il faut qu'elle soit *une entreprise fondée sur un refus*. Où manque l'entreprise, le refus perd toute consistance ; où manque le refus... Chez Jean-Paul, nous avons pu nous en convaincre, le *vouloir-être* s'enracine dans le refus de s'identifier à cet être qu'il est ou qu'on a fait de lui : c'est-à-dire à sa propre contingence charnelle comme à cette « imposture » dont il s'éprouve rongé, pour avoir été le jouet d'une comédie où les adultes seuls étaient de vrais acteurs. Et si le mythe de l'*être* lui fournit son apparente finalité, c'est que ce *vouloir* n'est pas encore en mesure de proposer à ses propres entreprises un autre contenu que sa propre « hypostase » : lui-même, tout simplement, *son exigence de sens*, — mais érigée en absolu.

Comme il n'était pas question pour Jean-Paul, à ce niveau, de publier ce qu'il écrivait (ni même d'*écrire* de façon tant soit peu réelle), le choix du métier littéraire ne pouvait guère être vécu par lui que comme une entrée dans les ordres, la justification qu'il en attendait n'étant dès lors susceptible que de lui venir d'Ailleurs et de le transir d'un seul coup : c'est-à-dire de pétrifier son exigence même d'*exister* en la consacrant enfin... dans son *être*. Ainsi comprend-on qu'à ses yeux le *sens* se soit d'abord fait *objet* — sous les espèces d'un Livre chargé de l'imposer matériellement à l'attention de la postérité.

Or c'était bien du *sens* qu'il s'agissait pour lui. Entre cette exigence profonde et le vouloir-être sous la forme duquel le contexte l'obligeait à se concevoir, le décalage qui s'instaura d'emblée ne devint sans doute pleinement conscient que bien des années plus tard : mais la présence en est aisément décelable à travers les concrétisations successives de l'entreprise sartrienne.

Nous avons d'abord vu Sartre — « faux enfant » à ses propres yeux d'enfant — rêver de se rendre lui-même « *vrai* », par la « vérité » d'une écriture appliquée à ne décrire que de « vrais » objets ; et nous l'avons vu, ailleurs, s'enchanter de croire que toute chose au monde était faite pour être nommée, que les mots seuls pouvaient en assurer la véritable création, la *réalisation*. Sans doute les deux mouvements qui semblent s'opposer ici (soumission totale de l'écriture au réel, dépendance absolue du réel par rapport à l'écriture) ne sont-ils que les deux aspects corrélatifs d'une même illusion, que Sartre nous désigne, chez Jean-Paul, comme « *le réalisme de l'enfant* » (en l'associant d'ailleurs à « *l'idéalisme du clerc* », qui prétend travailler seul au salut de tous). Mais si liés soient-ils, ces deux aspects n'en restent pas moins contradictoires, et l'on devra tenir pour décisif, me semble-t-il, le rôle joué par cette contradiction au niveau de tous les *contenus* — littéraires ou autres — sur lesquels la pensée sartrienne a pu tour à tour s'exercer.

« *Pour avoir découvert le monde à travers le langage, je pris longtemps le langage pour le monde.* » Et le fait est que, livré très tôt, sans défense, au Verbe adulte jusque dans ses formes littéraires, Jean-Paul parvenait d'autant moins à prendre au sérieux les sentiments réels, la vie de tous les jours : « *Le cœur humain dont mon grand-père parlait volontiers en famille, je le trouvais fade et creux partout sauf dans les livres.* » Infecté par les mots, par un perpétuel discours à la faveur duquel se recomposait en lui l'étrangeté d'un autre monde (« *des histoires de furieux qui ne me concernaient pas, un atroce chagrin, le délabrement d'une vie...* »), ne risquait-il pas d'en venir bientôt à mesurer la vérité du langage à son seul pouvoir créateur, sans plus se soucier de maintenir la moindre corrélation entre les mots et les choses mêmes qu'ils étaient censés faire accéder à l'être ? Tentation d'autant plus forte, peut-être, qu'il donna très tôt, comme on sait, dans le romanesque, et qu'on peut assez bien l'imaginer mettant au service d'une aventure purement verbale le sens épique dont il y faisait preuve. C'est en tout cas dans ce sens qu'il convient d'interpréter la fiction de ces listes (les « *Tables infinies du Verbe* ») où il était nécessaire, pour exister, d'être inscrit, de posséder son « appellation contrôlée » : « *Écrire*, ajoute-t-il, *c'était y graver des êtres neufs* ».

Si pourtant il ne glissa point sur cette pente-là, c'est que le « manque d'être » dont il souffrit très tôt lui permit de saisir d'emblée la *vérité* de ce « réalisme » — son essentielle *référence au réel* — dès que l'*illusion* lui en fut proposée. Et sans doute l'entreprise à laquelle il se voulait « appelé » n'en tira-t-elle tout d'abord que sa Loi, son principe abstrait : une *règle*, au sens le plus formel du terme. Mais on ne baptise par le projet d'écrire au nom d'un sacro-saint « rapport aux choses » sans en exposer tôt ou tard la mise en œuvre à toutes les contestations venues du monde humain : si le platane *en soi* demeure assez démuni contre ma description du platane, il en va tout autrement du platane *en tant qu'il apparaît à d'autres consciences que la mienne*, — à ces lecteurs mêmes, par conséquent, dont mon entreprise d'écrire aura fina-

lement besoin pour devenir *réelle* à mes propres yeux [1].

Imaginez un instant que Jean-Paul n'ait pas manqué son rendez-vous avec Dieu et qu'il soit devenu prêtre : sans doute la théologie sartrienne n'eût-elle été qu'un long discours *nihiliste*, une perpétuelle destruction du monde au profit du Verbe. Les choses, en effet, il rêva d'emblée de les prendre, « *vivantes, au piège des phrases* » ; mieux encore : « *Terroriste, je ne visais que leur être : je le constituerais par le langage ; rhétoricien, je n'aimais que les mots : je dresserais des cathédrales de paroles sous l'œil bleu du mot ciel.* » Autant dire que sa façon de prendre possession du réel, sous prétexte de le « réaliser », impliquait plutôt un assez radical refus de sa réalité *pour les autres*, de ses diverses façons de leur *apparaître*. Mais, la Caution divine ayant fait défaut, il dut presque aussitôt renoncer à cette grandiose entreprise d'*anéantissement des consciences par l'être ;* et comme il ne pouvait tout de même pas surmonter son besoin d'absolu, il ne lui resta d'autre ressource que d'en inverser le sens, en choisissant dès lors de procéder à la constante *néantisation de l'être par sa propre conscience*. Ainsi se condamnait-il par avance — et si peu conscient qu'il en dût demeurer pendant assez longtemps encore — à assumer l'existence des autres et de leur propre pouvoir néantisant : c'est-à-dire *le monde humain*, en tant qu'il est constitué par le regard *d'autrui*. Il est aisé de voir ce qu'il en advint, jusqu'aux environs de 1954, du double point de vue de son attitude morale et de sa conception de la littérature.

L'orgueil sartrien, ce sera ainsi le refus de soi en tant qu'être donné et l'exigence acharnée de se produire soi-même en se néantisant. Et sans doute ne s'agira-t-il d'abord que de nier *pour soi* toute limitation et toute contingence, en se faisant absence omniprésente, conscience

---

1. A la limite, la *matérialité* même des objets matériels n'a d'autre réalité qu'*humaine* : elle ne se manifeste en effet que dans la résistance qu'elle oppose aux entreprises des hommes, et, par suite, dans le rôle médiateur qu'elle se trouve jouer entre eux (en tant qu'indépassable substrat « objectif » d'une quasi-infinité d'approches subjectives). Ainsi le sens ne peut-il se concevoir sans les choses, ni celles-ci en dehors d'un monde humain : le rapport d'un homme à quelque objet que ce soit n'est jamais *vérifiable* qu'en fonction de ses rapports avec les autres hommes.

non située, insaisissable, mais qui ne cesse de hanter toutes les autres consciences : « *Parasite de l'humanité, mes bienfaits la rongent et l'obligent sans cesse à ressusciter mon absence.* »

Humilité radicale, donc, en ce qui concerne cet individu que l'on est, sa vie concrète, son apparence corporelle ou son comportement immédiat : « *Je ne me plaisais pas : je me trouvais très ordinaire.* » Mais cette humilité ne sera guère que fausse modestie, aussi longtemps qu'on y pourra déceler la ruse d'un orgueil qui n'est point encore parvenu à se dépouiller de toute vanité : « *Je chargeais mes descendants de m'aimer à ma place... ; cette vie que je trouvais fastidieuse et dont je n'avais su faire que l'instrument de ma mort, je revenais sur elle en secret pour la sauver...* » Reste que si Jean-Paul, en essayant ainsi de « *vivre à l'envers* » et en y mettant « *une véritable frénésie* », semblait bien se jeter tout vif dans l'illusion de quelque « vie posthume », c'est au piège d'un *futur* beaucoup plus concret que Sartre, à vrai dire, allait se trouver pris. Dans l'intervalle, en effet, le « *mandat* » était devenu *travail*, et le mandataire ne pouvait plus compter que sur lui-même pour demeurer cette « *flèche* », initialement « *décochée par ordre* », qui devait « trouer le temps et filer droit au but » : « *A dix ans j'avais eu l'impression que mon étrave fendait le présent et m'en arrachait ; depuis lors j'ai couru, je cours encore...* »

L'image d'un canot automobile paraissant sur le point de décoller d'un lac, si Sartre un jour a pu s'y projeter d'emblée (tombant en arrêt devant elle alors qu'il parcourait une série de tests), c'est bien pour avoir vécu en tant qu'*exigence d'arrachement*, dès son enfance même, l' « *irrésistible attraction* » à laquelle il lui fallait encore, plus ou moins, s'imaginer soumis. Et il serait tout aussi vrai de soutenir, à cet égard, que Jean-Paul est devenu responsable de son existence pour pallier l'inconsistance de son mandat ou qu'il a cessé de se concevoir mandaté dès lors que son « *délire* », s'étant coulé en lui, est devenu son « *caractère* » — sous les espèces d'une véritable folie de la *responsabilité*. Car il a certes commencé par faire marcher le temps à l'envers, en lui assignant un terme et en identifiant ce terme à la vraie réalité, dans l'espoir que, rétroactivement, son existence contingente en pourrait être rachetée : selon cette optique, le triomphe final était d'emblée garanti, et les échecs eux-mêmes ne pouvaient qu'y conduire. « *A* dix ans, j'étais sûr de moi : modeste, intolérable, je voyais dans mes déconfitures les conditions de ma victoire posthume... Je gagnerais la guerre à force de perdre les batailles. « Dès ce moment-là, pourtant, nous le voyons qui commence à s'éprouver responsable au cœur même de sa « prédestination » : « Je ne faisais pas de différence entre les épreuves réservées aux élus et les échecs dont je portais la responsabilité... ; mes crimes me paraissaient, au fond, des infortunes et... je revendiquais mes malheurs comme des fautes... J'ai toujours mieux aimé m'accuser que l'univers ; non par bonhomie : pour ne me tenir que de moi. »

Et quand Sartre note : « J'étais convaincu que l'avenir me tirait », ne manquons pas d'observer, d'une part, que cette conviction s'opposait à la classique leçon des « adultes », selon laquelle c'est le passé qui nous « pousse », d'autre part que la poursuite du salut personnel a très tôt été liée, chez lui, à l'exigence d'un certain effort sur soi. En fait, la notion de « mérite » qui intervient ici apparaît toujours fort ambiguë : sans doute évoque-t-elle plus ou moins l'attitude du « saint » aspirant au martyre, mais dans le même temps on la voit tout aussi bien impliquer la simple patience d'une vie entièrement consacrée au travail.

« Je devins traître et je le suis resté. » Dans le contexte, Sartre entend caractériser par là son aptitude (qu'il lui arrive en effet de projeter sur les personnages de ses pièces ou de ses romans) à se renier d'un instant à l'autre, sans jamais se sentir lié à cela même à quoi il vient pourtant de se donner tout entier. Mais ces quelques mots nous désignent d'un coup, me semble-t-il, le ressort le plus décisif de son attitude la plus fondamentale : le véritable principe de cohérence de sa pensée, la « permanence » de son entreprise, — sa constance, pour tout dire... Car il est né, bien sûr, par trahison, il s'est fait naître en trahissant : mais en trahissant quoi, sinon, précisément, tout ce qui tend à faire du « monde humain » ce piège infernal où les hommes eux-mêmes, de génération en génération, se condamnent les uns les autres à tourner en rond comme des rats ?

Contre la tiédeur et la convention des sentiments, contre un faux présent en proie au passé et privé d'avenir, contre l'insignifiance d'un rapport aux autres qui ne l'aidait plus à surmonter son manque de prises sur le monde et sa contingence charnelle, l'enfant truqué a choisi de trahir parce qu'il s'éprouvait trahi jusque dans sa propre conscience. Abandonné à lui-même (et au non-sens de sa condition) en tant qu'exigence de sens, il s'est rendu traître à tout ce qui, tour à tour, lui est apparu impropre à satisfaire cette exigence. Il a trahi la comédie familiale par l'héroïsme clandestin, et celui-ci, à son tour, par une écriture obstinément appliquée à dire le réel ; il a changé sa propre inconsistance en prédestination, puis il a trafiqué lui-même sa « mission » en s'y rendant responsable de tout; il a joué Dieu contre les autres, son grand-père contre Dieu et le Saint-Esprit contre son grand-père ; de l'humilité de son état il a tiré son arrogance, de son arrogance sa fausse modestie et de sa fausse modestie, bientôt, un plus réel orgueil... Si, par l'intervention de quelque cause accidentelle, la dialectique ainsi amorcée avait été bloquée à ce niveau, nous n'aurions guère aujourd'hui de Sartre que l'image d'une sorte de Roquentin solitaire, presque solipsiste, exigeant tout de soi et à peu près rien d'autrui, ne cessant de fuir en avant dans son œuvre et d'y poursuivre avec acharnement la plus vaine, la plus *idéaliste* entreprise de salut personnel qu'on puisse imaginer. Mais le Traître, comment pourrait-il cesser de trahir — et de *se* trahir — sans renoncer du même coup à sa propre existence ?

A l'illusion d'être et aux mythes de l'Être, il objectera le libre pouvoir de donner sens ; et contre l'illusion de la liberté pure, il fera valoir l'irréductible « incarnation » de toute conscience, son perpétuel conditionnement par une situation concrète. A la prétention de traiter les autres comme le simple prétexte ou l'instrument de quelque édification de soi, il opposera la dimension du « pour-autrui », l'indépassable relativité de chaque conscience à l'égard de toutes ; mais cette dépendance réciproque, il ne tardera pas à la retourner contre elle-même en y dénonçant la confusion de deux réalités différentes : l'une relevant de notre *condition*, et qui est en effet radicale, l'autre procédant de notre liberté même (sous les espèces de la « mauvaise foi »), et à laquelle il doit par conséquent nous être possible de remédier.

Jusque-là, il est vrai, nous n'en sommes guère qu'au niveau de *L'être et le néant*, où la conscience individuelle se voit en quelque sorte conviée — après qu'elle a été dûment humiliée par le rappel de son « être-là » et condam-

Avec un groupe de journalistes français aux États-Unis (1945).

née à l' « enfer » de son rapport aux autres — à reprendre
ses billes, si j'ose dire : à récupérer sa dimension d'orgueil
et son exigence de liberté, afin de convertir son attitude
« naturelle » en quelque attitude morale « authentique ».
Et si le thème s'en trouve ici réaffirmé à un niveau « supérieur » (où les deux pôles opposés donnent lieu à une élabo-
ration plus poussée), c'est bien toujours une « *fuite en
avant* » qui nous est proposée, sans que le fait d'avoir pro-
longé d'un tour de spire cette spirale ascendante de la
trahison nous ait vraiment éclairés sur le contenu même
d'une pareille fuite. Sur cette voie, notre auteur n'eût sans
doute pas tardé à ressentir quelque vertige solitaire, « mal
des sommets », « horreur du vide » ou « maladie de l'apesan-
teur » : une fois de plus, il était temps pour lui de se trahir,
de se jeter au monde, de s'y « *engager* », de s'y lester enfin
d'assez de réalité pour donner consistance à sa liberté
même, dans son perpétuel effort d'arrachement à soi.

Durant une dizaine d'années (de la Libération, en gros,
jusqu'à la crise de 1954), tout va dès lors se passer comme
si Sartre avait délibérément choisi de prendre un bain
d'histoire, d'amerrir en plein monde humain pour y
mettre à l'épreuve son propre pouvoir d'arrachement et
pour y ressentir à neuf la griserie du « décollage ».

Or ses trahisons successives, jusque-là, étaient en quelque sorte demeurées *formelles* : les apparences de contenu qu'elles se donnaient ne risquaient point d'en altérer la pureté subjective ; c'était lui, toujours, qui choisissait de se renier, de *se trahir* lui-même en trahissant les autres. Fidèle à sa seule exigence de ne se tenir que de soi, d'opposer à la trahison originelle de la vie sa propre et véritable origine d'existence consciente, il s'était assez bien arrangé, en effet, pour n'*être* plus jamais *trahi*. Mais en entreprenant de se livrer toute vive à l'histoire réelle des hommes, c'est dans une aventure incontrôlable que sa liberté se précipitait cette fois, le contenu même qu'elle s'y donnait à dépasser étant de nature à la dépasser elle-même, — à la *nier*, bien au-delà du provisoire *reniement* qu'elle pensait infliger au caractère absolu de sa propre exigence.

Ici, deux interprétations se proposent. Ou bien Sartre n'a jamais été qu'un tricheur, un truqueur, se jouant à lui-même la comédie de la trahison faute de pouvoir assumer les déchirements d'une trahison effective, et il lui est simplement arrivé de se prendre au piège de son propre jeu, d'être ressaisi, en pleine fuite, par la réalité même qu'il tentait de fuir ; ou bien il a d'emblée si profondément ressenti l'urgence de trahir pour exister, qu'il a fini par trouver le moyen de se trahir jusque dans son propre souci de reniement de soi : c'est-à-dire de se faire trahir, afin de n'être plus à la fois le sujet et l'objet de la trahison, mais son objet seulement. Ce deuxième « *suicide à la Gribouille* » évoque trop le premier pour qu'on n'y reconnaisse pas, transposé au niveau de l'adulte et de ses possibilités de prise sur le monde, le choix enfantin mais désespéré de se jeter à l'eau — à « *l'entreprise folle d'écrire* » — et d'en mourir indéfiniment, par horreur de la mort.

Tout comme il s'était une première fois engagé dans la littérature avant même d'être devenu capable d'écrire, Sartre, une seconde fois, a choisi de basculer dans l'histoire avant de s'être mis en mesure d'y participer vraiment. Dans l'un et l'autre cas, c'est la passion du sens, c'est le refus terrifié de l'absurde (et l'absurde pari d'en venir à bout) qui l'ont contraint à défier, de toute sa liberté, le non-sens de l'être ou celui des relations humaines réifiées.

La place me manque pour en faire ici la démonstration de texte en texte, mais tout lecteur attentif peut aisément s'en convaincre : l'œuvre de Sartre, durant les dix années en cause, est sous-tendue par une sorte d'allégresse croissante, en rapport direct avec la satisfaction qu'il éprouve d'avoir enfin affronté le Monstre, de n'être plus une conscience en fuite mais déjà, plus ou moins, une liberté au travail.

Le Traître est-il sur le point de s'effacer devant le Militant ? Il s'en faut... S'il a choisi de faire son entrée dans le monde, ce n'est tout de même pas pour se contenter d'en suivre le cours en s'y laissant flotter au fil de l'eau : c'est pour le « sauver », bien entendu, pour le délivrer de son inertie et le rendre authentiquement humain. « Règne des fins », « reconnaissance de l'homme par l'homme » et « société sans classes » se rejoignent ici dans cette tête d'*intellectuel*, dans cette tête de *bâtard*, pour y réveiller — au nom de la Révolution — d'anciens rêves d'héroïsme et de chevalerie. La mission du prolétariat est de réaliser dans ce monde les exigences d'une philosophie de la conscience : la mission du philosophe est de soutenir le prolétariat dans sa lutte contre la bourgeoisie, tout en exigeant de lui qu'il demeure conscient de sa visée philosophique. Bourgeois lui-même, Sartre trahit donc, en premier lieu, sa propre classe : ce dont personne, assurément, ne lui fera grief. Mais d'une certaine manière il trahit aussi, en projetant sur eux le volontarisme acharné de son orgueil personnel, les membres réels de cette classe ouvrière aux côtés de laquelle il ne se range encore qu'au prix de l'idéaliser : c'est-à-dire bien plus par haine du système absurde qui l'opprime que par un véritable souci de ses préoccupations concrètes...

Impardonnable aberration... Sans doute, mais au regard de qui ? Si j'essaie — parmi tous les bourgeois et petit-bourgeois devenus révolutionnaires qu'il m'a été donné de rencontrer — d'énumérer ceux qui (pour quelque raison tant soit peu apparente) seraient en droit de jeter la pierre à notre homme, j'en conclus qu'il ne court pas grand risque, à cet égard, de mourir lapidé. En fait, ses décollages (ou tentatives de décollage), si prématurés soient-ils, semblent plutôt constituer la meilleure garantie d'une attitude politique valable, dès lors qu'on les resitue dans le rythme originel de sa démarche propre : dans la constante et radicale tension d'une pensée qui ne peut s'appliquer à quelque situation que ce soit sans être bientôt renvoyée à l'exigence subjective de la dépasser, mais qui est pareillement payée pour savoir, lorsqu'elle se réclame de la conscience et de la liberté, que nous naissons aliénés et que chacune de nos libérations successives a pour envers (pour contre-partie et pour substrat) quelque nouvelle aliénation. Disons, si l'on veut, qu'il arrive à Sartre (pour avoir été très tôt contraint de ressentir son inexistence et de se conquérir sur elle) de se comporter comme un « parvenu » de la liberté. Mais j'avoue qu'en pareille matière cette attitude de « self-made man » (« Je me suis battu, moi, ils n'ont qu'à en faire autant »), outre qu'elle ne se manifeste chez lui que par intermittences et de façon de plus en plus superficielle, m'apparaît plus valable (et tous comptes faits moins injurieuse pour les opprimés eux-mêmes) que la distraite aisance avec laquelle, si souvent, nous usons de libertés *reçues* — comme « par droit divin ».

En tout cas, notre fier Pardaillan [1] est en pleine épopée.

---

1. L'un des héros populaires de Michel Zévaco, dont Jean-Paul lisait tous les jours le feuilleton dans *Le Matin* et qui, « *sous l'influence de Hugo*, avait *inventé le roman de cape et d'épée républicain* ».

Il soufflète l'antisémitisme, il pourfend le racisme des Blancs vis-à-vis des Noirs, il dénonce l'imposture « libérale » du capitalisme et de l'impérialisme, et les héros de son théâtre ne quittent plus leurs semblables, à la façon d'Oreste, après avoir accompli parmi eux l'acte de leur vie : Hoederer et Gœtz sont à la fois des intellectuels et des hommes d'action, soucieux de militer jour après jour au service d'une cause. Mais c'est eux, bien sûr, qui ont résolu de s'y consacrer. Durant cette période faste où Sartre lui-même ne cessa guère de se battre pour tous (et presque contre tous), sans doute est-il plus ou moins parvenu à réaliser un certain équilibre entre son orgueil et son humilité, entre son exigence de décider lui-même de sa mission et son besoin de se sentir mandaté, justifié, « pardonné d'être là [1] ».

Car il avait librement *choisi* (et il re-choisissait librement chaque jour) de servir la cause révolutionnaire. Et si l'universalité lui en apparaissait de nature à fonder sa propre mission, il ne risquait guère, par ailleurs, de s'en éprouver *contraint*, puisque l'essentiel de cette mission consistait précisément à redéfinir, pour les rappeler sans cesse à la classe ouvrière, les objectifs universels de la révolution : ainsi était-il lui-même, en quelque façon, le justificateur de cette Cause dont il lui fallait recevoir sa justification...

Mais le monde humain et l'épopée ne font jamais longtemps bon ménage. Il est beau de se battre pied à pied, de phrase en phrase, contre l'anticommunisme : il est plus malaisé, et beaucoup moins héroïque, de piétiner sur place aux côtés d'un prolétariat qui, enlisé dans un contexte historique et géographique fort peu révolutionnaire, se laisse plus ou moins profondément contaminer par l'individualisme bourgeois et l'inertie politique d'une société de consommation. Contre la réalité de la classe ouvrière européenne et des partis communistes qui la représentent, contre les perpétuelles interférences entre les nécessités de la « stratégie socialiste » (c'est-à-dire soviétique) et les

_____

1. Voir *Les Mots* : « *Si l'on risque sa vie par obéissance, que devient la générosité?... Mais, à moins de s'abaisser, d'où pourrait-on tirer le mandat de vivre?... Je ne pouvais ni tirer de moi le mandat impératif qui aurait justifié ma présence sur cette terre ni reconnaître à personne le droit de me le délivrer.* »

problèmes spécifiques posés par les différents contextes nationaux, le volontarisme d'une pensée ne saurait « faire le poids ». Mais le simple fait de n'avoir pu justifier le sien, même à ses propres yeux, qu'au prix de son idéale projection sur « les masses » et de sa transposition en termes collectifs interdit désormais à Sartre toute retraite vers « la solitude bourgeoise du créateur ». Tel est le piège où le Traître s'est fait prendre, en se jetant au monde pour en finir avec sa peur du monde : on ne fait pas sa part à l'histoire, ce n'est pas une épreuve par laquelle il s'agirait de passer pour y exercer sa liberté, mais l'indépassable lieu de tout dépassement possible. Jean-Paul était dans l'histoire et ne le savait pas; en y « entrant » consciemment, Sartre se condamnait par avance à découvrir *les limites* de sa traîtrise, *l'irréductible courbure* de sa fuite en avant, c'est-à-dire, enfin, *le centre de gravité* en fonction duquel, depuis longtemps déjà (et plus ou moins à son insu, la succession de ses « arrachements » s'organisait en une véritable *dialectique*.

A l'égard de l'histoire, qui englobe toute réalité humaine puisqu'elle est le produit même de la coexistence des hommes, chacun de nous ne dispose, semble-t-il, que de deux possibilités : ou bien en devenir le jouet tout en contribuant involontairement à la produire (jusque dans le choix de la tenir pour fatale, ou de s'en désintéresser), ou bien tenter d'en orienter la production de façon à pouvoir y coexister, en tant que sujet, avec d'autres sujets.

Ayant d'emblée opté pour l'*existence* et le très conscient refus de tout être donné, Sartre ne pouvait évidemment retenir que la seconde de ces deux possibilités (la première correspondant d'ailleurs au choix même de l'absurde, c'est-à-dire à un véritable suicide *de la conscience*, celle-ci ne s'y rendant en effet « possible » que sa propre et définitive impuissance). Mais comment la volonté de l'homme pourrait-elle orienter l'histoire, quand le volontarisme, précisément, débouche sur une impasse ? Réponse du Traître : en trahissant, bien sûr, le volontarisme lui-même, puisqu'il n'est plus question de trahir l'histoire...

Au nom de la liberté, nous voici donc — selon un mouvement que nous connaissons bien — de nouveau renvoyés à la contingence : conviés, pour l'amour du sens, à prendre encore un bain d'absurdité. Mais il ne s'agira plus, cette fois, de quelque contingence abstraite, de la dimension

« absurde » d'une « réalité humaine » cantonnée au niveau d'une pure *ontologie* (si « phénoménologique » soit-elle). Quand la « condition humaine » se concrétise sous forme de *condition historique*, la Chair elle-même va devoir s'incarner dans des besoins réels, et le Regard d'Autrui céder la place à la complexité réelle des rapports sociaux qui constituent la trame de l'histoire. La mauvaise foi, les conduites inauthentiques, le choix de l'échec, toutes les attitudes, enfin, selon lesquelles la liberté nous est montrée, dans *L'être et le néant*, se retournant contre soi, se niant elle-même, — c'est aux contradictions réelles des sociétés humaines qu'on les rapportera désormais en les nommant *aliénations*. Par la nécessité où sont les hommes de produire pour vivre, par le progrès des techniques et la division du travail qui en découle, par l'appropriation des moyens de production entre les mains de quelques-uns au détriment de tous les autres, les consciences humaines, à quelque époque que ce soit, se trouvent diversement conditionnées dès leur apparition dans des sociétés dont les structures politico-économiques tendent à perpétuer ces inégalités de tous ordres. De sorte que leurs rapports sont avant tout des rapports de force : c'est-à-dire des rapports d'exploitation plus ou moins visiblement soutenus par des systèmes d'oppression, et vécus par les opprimés, selon les cas, dans la résignation, dans la révolte individuelle ou dans la solidarité d'une classe luttant pour sa libération.

Que cette optique nouvelle soit proprement marxiste, le lecteur n'aura certes pas manqué de s'en aviser. Mais ce qui m'intéresse en elle, présentement, c'est la façon dont Sartre est parvenu à se l'approprier, — au point de pouvoir aujourd'hui en éclairer les plus profonds ressorts et lui restituer toute sa vérité pratique, après s'en être servi pour penser contre lui-même, pour trahir sa propre philosophie.

Or nous savons, puisqu'il nous l'a lui-même précisé, que Sartre avait rencontré le marxisme en tant que philosophie bien avant d'écrire *L'être et le néant* : c'est en effet vers 1925, aux environs de sa vingtième année, qu'il lui fut donné de lire *Le Capital* et *l'Idéologie allemande*. « *Je comprenais tout lumineusement* — note-t-il dans « Question de méthode [1] » — *et je n'y comprenais absolument rien. Comprendre,*

---

1. Étude publiée en tête du premier tome de la *Critique de la raison dialectique*.

Cuba, 1960.

Brésil, 1960.

URSS, 1962.

c'est se changer, aller au-delà de soi-même : cette lecture ne me changeait pas. » D'une certaine manière, cette situation se perpétua durant les vingt années suivantes : non point que la pensée de Sartre soit alors demeurée figée, mais parce qu'elle n'avait encore son centre de gravité qu'en elle-même et qu'ainsi l'alternance de ses arrachements successifs ne la renvoyait jamais qu'à soi. Le monde humain était là, bien sûr, et la débordait de toutes parts, mais elle était encore en mesure de le trahir en substituant à sa pratique effective le thème philosophico-éthique d'un « travail sur soi ». A la suite des quelques lignes que nous venons de citer, Sartre montre très bien comment, durant toute cette longue période, la « *réalité* » du marxisme, « *la lourde présence, à (l') horizon, des masses ouvrières, corps énorme et sombre qui* vivait *le marxisme, qui le* pratiquait, *exerçait à distance une irrésistible attraction sur les intellectuels petit-bourgeois* ». Mais nous l'avons déjà vu s'employer à mystifier, l'une par l'autre, sa propre exigence d'arrachement et l' « irrésistible attraction » exercée sur lui par son prétendu mandat ; c'est la même technique, assez semblable à celle du judo, qui va ici lui permettre de résister au marxisme, — en ne lui cédant, tout d'abord, que pour mieux le reprendre à son compte. « *Ce n'était pas l'idée qui nous bouleversait ; ce n'était pas non plus la condition ouvrière dont nous avions une connaissance abstraite mais non l'expérience. Non : c'était l'une liée à l'autre, c'était, aurions-nous dit alors dans notre jargon d'idéalistes en rupture d'idéalisme, le prolétariat comme incarnation et véhicule d'une idée.* » Autant dire : une idée chargée d'en incarner une autre, le *rôle* de la « réalité » en cause n'étant plus dès lors que de maintenir au plus haut niveau possible la tension intérieure de ces consciences avides d'exister. « *Nous refusâmes l'idéalisme officiel au nom du « tragique de la vie »...* »

Une fois de plus, le Traître choisissait la fuite en avant : pour échapper au monde, il s'opposait à tout, — et d'abord à lui-même, en se jetant au *pessimisme.* Saisissante parade, venant d'un homme qui fait remonter à son enfance ce qu'il appelle sa « *fantasmagorie la plus intime* » : « *l'optimisme* » ; qui déclare volontiers : « *J'ai... toujours été optimiste. Je ne l'ai même été que trop...* » ; qui pense, enfin, qu'en quelque situation que ce soit « *il y a toujours quelque chose à faire* », que « *les hommes ne sont impuissants que lorsqu'ils admettent* qu'ils le sont » et que « *rien n'est inexprimable, à la condition d'inventer l'expression* »... Mais on aura tôt fait de se convaincre, en y regardant de plus près, qu'optimisme et pessimisme sont chez lui l'envers et l'endroit d'une même attitude première, et qu'ils expriment ensemble l'ambiguïté fondamentale de sa véritable naissance, de son choix originel de se faire exister aux dépens de sa vie même, — c'est-à-dire en ne cessant de devancer sa mort par crainte de mourir. « *Mes amis pouvaient bien me reprocher de ne jamais penser à elle : ils ignoraient que je ne cessais pas une minute de la vivre.* » Or c'est bien là que s'enracinent, sauf erreur, sa liberté même et son plus véritable orgueil. Pour lui, l'Absurde est toujours déjà là : exister, c'est conserver le pouvoir de s'y arracher ; perdre l'existence c'est n'avoir plus à s'en préoccuper...

Et l'on conviendra que cette sorte de familiarité avec la mort, c'est-à-dire avec la Contingence sous sa forme la plus radicale, a longtemps permis à Sartre de s'accommoder assez sereinement des contingences particulières dont tour à tour il s'acharnait à nous communiquer l' « horreur ». « *Je réussis à trente ans ce beau coup : décrire dans* La Nausée *— bien sincèrement, on peut me croire — l'existence injustifiée, saumâtre de mes congénères et mettre la mienne hors de cause. J'étais Roquentin, je montrais en lui, sans complaisance, la trame de ma vie ; en même temps, j'étais moi, l'élu, annaliste des enfers, photomicroscope de verre et d'acier penché sur mes propres sirops protoplasmiques. Plus tard* (dans L'être et le néant) *j'exposai gaiement que l'homme est impossible ; impossible moi-même je ne différais des autres que par le seul mandat de manifester cette impossibilité qui, du coup, se transfigurait, devenait ma possibilité la plus intime, l'objet de ma mission, le tremplin de ma gloire... Truqué jusqu'à l'os et mystifié, j'écrivais joyeusement sur notre malheureuse condition. Dogmatique, je doutais de tout sauf d'être l'élu du doute, je rétablissais d'une main ce que je détruisais de l'autre et je tenais l'inquiétude pour la garantie de ma sécurité ; j'étais heureux.* » Recoupant cet aveu qu'on trouve dans *Les Mots*, il y a aussi les quelques précisions que Sartre nous fournit, dans « Question de méthode », sur ce « tragique de la vie » en lequel se changea, pour certains intellectuels de sa génération, une prise de conscience marxiste qu'ils n'étaient pas encore en mesure d'assumer : « *... Contre l'idéalisme optimiste et moniste de nos professeurs...,* *nous adoptions avec enthousiasme toutes les doctrines qui divisaient les hommes en groupes étanches. Démocrates « petits-bourgeois », nous refusions le racisme mais nous aimions à penser que la « mentalité primitive », que l'univers de l'enfant et du fou nous demeuraient parfaitement impénétrables. Sous l'influence de la guerre* (celle de 14) *et de la révolution russe nous opposions — en théorie seulement bien entendu — la violence aux doux rêves de nos professeurs. C'était une mauvaise violence (insultes, rixes, suicides, meurtres, catastrophes irréparables) qui risquait de nous conduire au fascisme ; mais elle avait à nos yeux l'avantage de mettre l'accent sur les contradictions de la réalité.* » Et le fait est que ce catastrophisme en forme de fuite mettait si bien l'accent sur le tragique de ces contradictions qu'il en négligeait de s'intéresser à leur réalité même.

L'homme du besoin (l'homme réel, en tant que « travailleur qui produit les conditions de sa vie ») n'est pas d'emblée concevable, en effet, d'emblée « réalisable », pour *l'homme de l'exigence* : pour cet homme plus ou moins abstrait qu'est l'intellectuel issu de la classe moyenne, dont le premier mouvement (et la plus durable tentation) consiste toujours à « totaliser » le monde humain au niveau de sa propre conscience, en en transposant les conflits matériels en termes de contradictions inter ou intra-subjectives. Entre cette *totalisation imaginaire*, projetée dans l'absolu ontologique selon un souci d'ordre purement moral, et les *totalisations concrètes* qu'implique toute praxis humaine, la différence est radicale. Car les secondes engagent toujours quelque dialectique réelle entre l'homme et le monde ; mais la première ne saurait produire, par elle-même, qu'une contradiction statique, selon laquelle la conscience n'est jamais affrontée (sous des apparences successives qui peuvent d'ailleurs être fort diverses) qu'à sa propre « déchirure », entre une Contingence radicalement intériorisée et une Liberté vouée à se mordre la queue. Or il va de soi que dans les deux cas la conscience reflète le monde, c'est-à-dire les contradictions historiques réelles, vécues selon la situation que lui font ensemble son histoire personnelle et celle de son milieu social : dans un cas, cependant, le reflétant ne cessera guère d'être concrètement en rapport avec le reflété ; dans l'autre, au contraire, la conscience disposera d'un certain « jeu » au sein même de la situation et la reflétera dès lors de façon moins immédiate, plus abstraite, plus *idéologique* en somme.

Ainsi l'intellectuel paraît-il jouir d'une forme essentielle de *recul* vis-à-vis du monde humain et de l'histoire qui ne cesse de s'y faire. A partir de quoi, tout va dépendre de la dimension subjective selon laquelle il vivra cette sorte de situation « au second degré » (« situation dans la situation »), c'est-à-dire du type d'exigence qu'il y manifestera. Et sans doute les transformations réelles du contexte influeront bien en quelque façon sur la conscience en question : elles la *questionneront*, précisément, jusqu'à la « tourmenter », jusqu'à la « torturer » peut-être, à l'occasion ; elles la *conditionneront*, si l'on veut ; mais elles ne suffiront jamais à *déterminer* sa réponse. C'est ici qu'il faut en revenir au Bâtard, en tant qu'il s'est rendu capable de trahir la *comédie* propre à toute situation « intellectuelle », à force de se revendiquer lui-même sous les espèces confondues de l'Intellectuel et du Comédien. Ou de l'Escroc, tout simplement, comme on peut voir dans *Nékrassov*.

Écrite et jouée en 1955, cette pièce-charnière relève certes de la période sartrienne d' « idéalisme épique », dans la mesure où Sartre s'y dresse seul et vaillamment contre le délire anti-communiste dont la grande presse française tire alors ses effets les plus sûrs ; mais elle appartient déjà à la période suivante — celle de la conversion à l'histoire — par la façon dont il y condamne son personnage principal à une forme proprement historique de la contingence et de l'absurde. Georges de Valéra, qui se veut « fils de ses œuvres » et qui est devenu un escroc de génie par protestation individualiste contre une société qui l'avait d'emblée exclu, est en effet contraint (alors même qu'il vient de réussir le plus beau coup de sa vie, « *l'escroquerie du siècle* ») de s'avouer qu'en croyant « *tirer les ficelles* » et manœuvrer les autres à sa guise, il n'a guère joué, tous comptes faits, qu'un rôle de cocu : car il n'est au mieux, comme chacun d'entre nous, que l'épisodique instrument de forces qui le dépassent, le jouet d'un conflit qui *lui* demeure incontrôlable. Or c'est la fierté même, c'est le radical orgueil de « Nékrassov », de Georges-l'Imposteur, qui lui permettra finalement de pressentir — à travers l'aberrant tissu de non-sens qu'est devenue sa situation — une possibilité de trahir sa propre imposture, de la dépasser vers quelque vérité, en projetant *avec d'autres hommes* un monde *humain*, où chacun puisse agir sans être d'emblée condamné

Sartre et Michel Vitold au cours d'une répétition de Nékrassov.

à voir ses actes se retourner contre ses intentions [1].
Nous ne faisons pas ce que nous voulons, nous faisons
ce que nous n'avons pas voulu : tel est bien, semble-t-il,

---

1. C'est en quoi, déjà, il se distingue de Gœtz, qui pouvait encore
s'imaginer capable d'influer personnellement sur le cours de l'histoire
en mettant au service de paysans qu'il connaissait, contre des barons
qu'il connaissait, une expérience de chef de guerre plus ou moins susceptible, en effet, de rétablir l'équilibre en faveur des premiers. Et sans
doute la période où se situe l'action rend-elle concevable ce type de
rapport à l'histoire. Transposée à notre époque, l'attitude finale de
Gœtz n'apparaîtrait pas moins idéaliste que ses précédentes ambitions
(celle de faire le Mal ou celle de faire le Bien), car nous ne saurions
plus y voir, désormais, qu'une vaine tentative du héros pour sauver
son héroïsme solitaire en se livrant aux hommes, pour récupérer *son*
« *mandat* » personnel à la faveur de son apparente mise *au service d'autrui*,
de sorte que sa prétendue action sur l'histoire ne serait plus que radicale *aliénation*. Et c'est bien pourquoi Sartre a préféré depuis lors
(dans *Les Séquestrés d'Altona*, par exemple) partir des aliénations
réelles impliquées par le fait même de notre condition historique pour
tenter d'en faire surgir, tout à l'inverse, l'exigence d'une histoire véritablement humaine, c'est-à-dire issue d'une *praxis réellement collective*.

166

notre commun statut de soi-disant « agents historiques ».
Reste qu'il ne peut suffire d'en prendre conscience et de le
déclarer « intolérable » : jusque parmi les victimes les plus
directes de l'oppression, et si effectivement *intolérables*
que soient leurs conditions de vie, une certaine attitude
résignée se rencontre parfois, que l'appoint des plus aigres
récriminations ne changera jamais en une intolérance réelle.
Le Traître, lui, à peine a-t-il mesuré son impuissance en
quelque domaine que ce soit, le voici devenu *l'Intolérant*.
Vous l'imaginiez en train, auprès de vous, tout comme vous,
de s'accommoder tant bien que mal du monde tel qu'il est ;
mais il était aux prises avec quelque Dragon né de sa
liberté même, et celle-ci lui est soudain apparue dérisoire,
— radicalement contestée, dans le *choix* qu'elle faisait de
ses propres épreuves, par une « histoire humaine » devenue
« cours des choses ». Peut-être vous était-il arrivé d'entrevoir çà et là, sous son « optimisme », soit un excès de
patience soit un excès d'orgueil : c'est que notre homme
ne s'employait alors qu'à triompher de lui-même, dans
quelque champ clos défini par ses soins. Si maintenant il
ne lui reste plus d'autre ressource, pour s'affronter vraiment, que de s'en prendre à notre commune réalité,
attendez-vous au pire : car il se fera pessimiste, d'emblée,
bien au-delà de nos petites impatiences et de nos vaines

humilités. Feindrez-vous alors de redouter qu'en se donnant à ce nouveau souci il ne soit déjà sur le point de le trahir au profit de quelque autre ? C'est votre affaire, bien sûr. Tout de même, avant de recourir à d'aussi piètres moyens pour vous débarrasser de lui, attardez-vous encore un instant sur l'étonnante rigueur de sa démarche et reconnaissez-y — de « trahison » en « trahison » — un très constant effort d'actualisation de cette *potentialité* qui seule désigne l'homme en nous : celle de se faire homme jour après jour, envers et contre tout. C'est-à-dire, essentiellement, *envers et contre soi* : « *En gros, je tiens mes engagements tout comme un autre ; constant dans mes affections et dans ma conduite, je suis infidèle à mes émotions...* » Comprenons qu'il ne trahira jamais, en fait, que sa propre *complaisance à soi* : cette sorte de *compromission* (de sa « transcendance » dans sa « facticité ») dont toute conscience est menacée au plus intime d'elle-même, en tant que *manque d'être* fasciné par l'*être* qu'il implique [1].

La chance de Sartre, si l'on peut dire, fut d'être très tôt expulsé de lui-même, et indéfiniment contraint, dès lors, de se chercher ailleurs qu'en soi : « *Faute de m'aimer assez, j'ai fui en avant ; résultat : je m'aime encore moins, cette inexorable progression me disqualifie sans cesse à mes yeux... On me croit modeste et c'est tout le contraire : je pense que je ferai mieux aujourd'hui et tellement mieux demain.* » Mais pour faire *mieux*, encore faut-il faire *quelque chose* ; et dans quel « ailleurs » iriez-vous donc vous chercher, à quelle « réalité » *autre* pourriez-vous bien vouloir vous confronter, quand il vous apparaît de plus en plus irrécusablement que vos propres tentatives pour agir sur le monde des hommes vous y changent vous-même, déjà, en *quelque autre que vous* ? Écrire, ce n'est peut-être, au point de départ, que « confondre les choses avec leurs noms », aimer les mots en tant qu'objets et rêver de s'approprier le monde à travers eux ; mais c'est du même coup s'exposer à être trahi par eux en tant qu'ils visent autre chose qu'eux-mêmes et, sournoisement, introduisent

---

1. C'est *en tant que conscience* en effet, c'est dans sa conscience même, que l'homme « est » tout à la fois *objet charnel* et *objet historique*. Ainsi le Désir (adhésion à la chair) et le Conformisme (adhésion à l'inertie du monde humain) lui apparaissent-ils d'emblée comme les deux compromissions essentielles.

ainsi l'*écrivain* dans l'engrenage de la communication : dans le rapport à quelque *lecteur*, chargé de donner corps aux significations proposées en les reprenant à son compte. Entreprendre d'agir dans l'histoire, ce ne sera peut-être, pareillement, que tenter d'abord d'en infléchir soi-même le cours au nom de quelque projet « universel » ; mais ce sera aussi, d'emblée, se condamner à reconnaître en elle, progressivement, le véritable lieu, la *matière* même, de cette circularité infernale où semble s'épuiser en vain toute réalité humaine, et que le Bâtard avait cru pouvoir assumer seul, au niveau de sa propre conscience.

Prenez la lutte des classes, par exemple : ce ne fut pour lui, d'abord, qu'une idée, un « *schème* », « *une sorte de grille* » qui lui apparaissait « *commode* » dans la mesure où elle lui fournissait une interprétation des événements politiques : « *mais il fallut toute l'histoire de ce demi-siècle pour nous en faire saisir la réalité et pour nous situer dans une société déchirée* ». La seconde guerre mondiale, bien sûr, l'occupation, la résistance, jouèrent ici leur rôle. Et plus encore, sans doute, « *les années qui suivirent* »...
Dans la France en proie aux Allemands et à leurs collaborateurs, notre Pardaillan vit surtout, en effet, le terrain privilégié de quelque accomplissement de soi : ainsi Argos, en proie à ses « mouches », apparaîtra-t-elle à Oreste comme une ville « à prendre », en ce sens qu'il pourra s'y lester de réalité humaine, y *réaliser* enfin sa liberté, au prix d'un « acte » où elle se mettra totalement en jeu. « *Jamais*, écrit Sartre en 1944, *nous n'avons été plus libres que sous l'occupation allemande... Puisque le venin nazi se glissait jusque dans notre pensée, chaque pensée juste était une conquête ; puisqu'une police toute-puissante cherchait à nous contraindre au silence, chaque parole devenait précieuse comme une déclaration de principe ; puisque nous étions traqués, chacun de nos gestes avait le poids d'un engagement.* » Autant dire qu'il ne se souciait encore, à cette époque, que d'explorer passionnément sa propre bâtardise et de ressentir intensément la *tragédie* — ontologique — d'une liberté porteuse de sa propre mort : incapable de se poser pour soi sans poser du même coup la contingence et l'« en-soi » qui la nient. « *Les circonstances souvent atroces de notre combat nous mettaient enfin à même de vivre, sans fard et sans voile, cette situation déchirée, insoutenable qu'on*

appelle la condition humaine. L'exil, la captivité, la mort surtout, que l'on masque habilement dans les époques heureuses, nous en faisions ce ne sont pas des accidents évitables, ni même des menaces constantes mais extérieures : il fallait y voir notre lot, notre destin, la source profonde de notre réalité d'homme. » Sans le caractère exceptionnel de la conjoncture historique (et sans les illusions qui, pendant quelques années encore, allaient en découler quant aux possibilités d'action sur le plan politique), on comprendrait mal que Sartre ait pu ainsi trouver, dans sa première confrontation réelle avec le monde humain, l'occasion de se jeter une fois de plus à cet *héroïsme de la conscience*, — à cette poursuite à mort d'un *salut personnel*, dont la tentative de justification en termes de salut collectif ne fait guère qu'accuser l'idéalisme profond [1].

Dix ans plus tard, l'adversaire est devenu moins facile à désigner, et c'est avec le monde humain *dans sa réalité totale* que l'optimisme sartrien entre désormais en conflit. S'il était encore possible, entre 1940 et 1944, de transcender l'horreur nazie en choisissant d'y voir une illustration particulière de quelque horreur plus radicale (celle d'une condition « ontologique » hantée par le non-sens de la Mort comme par l'absurde Contingence où s'enracine et se perd l'exigence même du Sens), à quoi rimerait, cette fois, la prétention de « dépasser » vers cette Totalité abstraite un monde réel enfin saisi dans sa totalité concrète ? De même que le rapport des libertés humaines à un Dieu transcendant se vide de contenu à mesure qu'elles entrent plus directement en rapport les unes avec les autres, l'idée de « condition humaine » tend à perdre tout intérêt dès lors qu'il devient possible de lui substituer *l'histoire effective des hommes*, de reconnaître en celle-ci — sous forme de

---

1. Évoquant, dans le même article de 1944 (« La République du Silence », *Situation III*), les combattants de l'armée clandestine, il les décrit à la fois comme condamnés à une « *solitude totale* », un absolu « *délaissement* », et comme investis d'une « *responsabilité totale* », d'un « *rôle historique* ». Ainsi projette-t-il en somme sur chacun d'eux la condition idéale d'un « voyageur sans billet » qui aurait reçu, *de personne*, un « mandat » d'autant plus décisif que sa situation objective est plus injustifiable et plus radicalement démunie. « *Chacun d'eux, contre les oppresseurs, entreprenait d'être lui-même, irrémédiablement, et, en se choisissant lui-même dans sa liberté, choisissait la liberté de tous.* »

circonstances données, de pratiques définies et de structures objectives — la réalité même des tensions dont celle-là nous proposait (en termes de Conscience et d'Être) l'archétype idéal, le modèle mythique.

Ce qu'il importe en tout cas de noter, c'est la *fonction régulatrice* que ce mythe ontologico-moral a jusqu'ici conservée, dans le développement de la pensée sartrienne, vis-à-vis de cette *conversion à l'histoire*, — amorcée à l'époque de la Libération, devenue décisive vers 1954 et qui n'a guère cessé de s'approfondir depuis lors. Sartre, en effet, ne put évidemment opérer ce « passage au réel » qu'au prix de s'opposer radicalement à lui-même : c'est-à-dire à la démarche la plus constante de sa pensée, en tant qu'elle n'avait encore affronté le monde que pour en transposer les conflits selon les termes de son propre débat intérieur. D'une certaine façon, il entreprenait en somme de *réaliser* le choix idéaliste selon lequel il avait, dès son enfance, tenté de donner corps à son « mandat » en se vouant à n'écrire que pour nommer le Réel (dans l'espoir de s'en approprier la consistance en en disant le sens) ; mais l'opération, cette fois, était plus radicale. A l'inverse de la bourgeoisie révolutionnaire que Marx nous a montrée, dans *Le 18 Brumaire*, hantée par une histoire déjà faite et répétant sur le mode de la comédie une tragédie romaine révolue, il semble bien que Sartre, en reproduisant son ancienne option, se soit au contraire rendu capable de *penser un drame réel*, alors qu'il s'était jusque-là contenté de tourner en rond dans un rêve de drame.

Et l'on entrevoit sans doute vers quelle vision du monde aurait pu le conduire ce reniement de soi. Choisissant ainsi de privilégier les contradictions du réel aux dépens de son propre mouvement de conscience, il s'exposait en effet à ne pouvoir désormais se reconnaître, vis-à-vis de l'histoire, d'autre droit que celui de se soumettre à sa réalité, d'autre « mission » que celle d'en poursuivre indéfiniment la description, — ou peut-être, au maximum, l'analyse, en termes strictement « positifs » (*positivistes*, pour être plus précis). Et si l'histoire, jusque dans son « objectivité », implique à tout moment les innombrables interférences de nos aliénations, c'est-à-dire *de nos libertés séparées*, c'est bien par le souci même de lui demeurer « fidèle » en se bornant à en désigner le cours qu'elle eût été le plus radicalement niée, le plus vainement *trahie*.

L'EXPRESS

"O SARTRE, POURQUOI ÊTES-VOUS SI TRISTE ?"

par

FRANÇOIS MAURIAC

EN VENTE ICI DÈS JEUDI

Imp. ASCIGNE, 18, Rue Léopold-Bellan - Paris-2ᵉ - CEN. 87-01

Mais la seule chose, précisément, que le Traître ne trahira jamais, parce que sa traîtrise est née du besoin même d'exister, c'est l'*existence*, — en tant qu'irréductible rapport d'implication réciproque entre l'être et le refus de l'être, entre l'absurde et le sens, entre le « monde » (qu'elle qu'en soit la définition) et la « conscience » qui tente de s'arracher à lui, de s'y arracher à *soi*, pour s'en approprier l'altérité. De là cette sorte de *violence pessimiste* qui s'est d'abord manifestée au niveau de sa simple *description* de l'histoire; de là, aussi, cette *dimension morale* qui de nouveau transparaît clairement, depuis quelques années, au cœur même du très rigoureux effort qu'il a entrepris pour éclairer notre double rapport, à la fois *objectif* et *pratique*, à une histoire qui ne cesse de nous « refaire » et qui n'est pourtant faite que de nous.

Ce qui permet aujourd'hui à Sartre d'élaborer la *conception de la dialectique* la plus précise et la plus approfondie qui ait jamais été formulée jusque-là, c'est en somme la structure même de sa démarche originelle, — qui en effet, *formellement*, fut d'emblée *dialectique*, bien que le *contenu* en soit assez longtemps resté *idéaliste*. Quant à la durée, précisément, de cette maturation, de ce « lent apprentissage du réel », il semble qu'elle contribue plutôt à en garantir l'authenticité, en nous permettant d'apprécier d'autant mieux la constante cohérence d'une pensée qui est en perpétuel travail sur soi et qu'aucun rapport à la réalité ne saurait désemparer vraiment, parce qu'elle s'est d'emblée proposé d'assumer *la contradiction la plus radicale*. C'est-à-dire celle qui définit *l'entreprise même d'exister*, en tant que permanente réciprocité d'implication entre la position de la liberté (qui est négation de l'être) et la position de l'être (qui est négation de la liberté), entre *l'exigence de soi* en dépit de toute altérité possible et *la nécessité d'une contingence radicalement autre*, par rapport à quoi l'existence puisse s'affirmer comme non-être et source de sens.

Mais si toute dialectique concrète suppose en effet cet irréductible et indépassable affrontement d'un *pouvoir de négation* à quelque *réalité objective* par laquelle il s'éprouve nié, encore faut-il, pour en permettre le fonctionnement, que les deux termes « en présence » ne soient pas totalement étrangers l'un à l'autre : deux *absolus* ne sauraient entrer en rapport et cependant demeurer tels ; toute relation implique une certaine *relativisation* des termes en présence. C'est dans la mesure où l'homme « *est* » matière et nature que la réalité du monde peut lui apparaître sous des espèces matérielles ou naturelles, et qu'il peut entreprendre d'agir sur cette réalité, de la transformer par le travail, de l'*humaniser* ; et c'est évidemment dans la mesure où il *n'est pas* un être matériel et naturel qu'il peut se rendre présent à quelque être que ce soit. Mais « l'homme », ici, ne saurait désigner que *les hommes,* si l'on veut que cette « présence » *se dialectise* et devienne susceptible d'instaurer *une histoire* : il n'y a de monde réel et praticable que par la multiplicité des « consciences » individuelles, c'est-à-dire par la *mise en rapport,* les uns avec les autres, de ces hommes virtuels dont chacun est objectivement défini par son rapport au « monde ». Ainsi est-ce toujours par la médiation de *l'autre en tant qu'homme* (son « semblable ») que tout homme rencontre *l'Autre en tant que négation radicale de son humanité* ; mais il est clair qu'une telle « médiation » n'aurait jamais lieu de s'exercer si quelque « matière » ou « nature » n'était pas déjà là, réciproquement, pour en constituer l'irréductible base et la dimension objective, — en ne cessant de provoquer chaque conscience à quelque entreprise particulière, qui en tire tout à la fois son contenu et sa limitation.

Autrement dit, l'exigence *idéaliste* ne saurait s'accomplir sans assumer sa propre « matérialisation », et la vérité du *matérialisme* réside dans la conscience comme source de tout sens. Mais il faut bien que d'abord l'être soit (que nous-mêmes, déjà, *nous soyons là*) pour que notre liberté puisse progressivement se dévoiler — se réaliser — en le pratiquant selon son propre mode d'articulation sur lui, qui lui permet tout ensemble de l' « être » et de *ne l'être pas.* Ainsi peut-on dire de la dialectique inhérente à toute praxis humaine (et donc à toute entreprise d'humanisation du monde) qu'elle est radicalement matérialiste, bien que sa ressource effective, le véritable moteur de sa progression, ne se situe jamais qu'au niveau même de la conscience et des rapports entre consciences. En ce sens, nul n'était mieux placé que l'auteur de *L'être et le néant* pour s'engager, en assumant sans réserve le marxisme à titre d'horizon philosophique « *indépassable* », dans une « *critique de la raison dialectique* » dont le double objectif serait essentiellement :

— de définir une *méthode réflexive* permettant de décrire, de conceptualiser dans toute sa complexité réelle, le rapport des hommes à l'histoire ;

— de dégager les conditions théoriques de possibilité d'une *pratique du monde humain* qui soit propre à en assurer l'*humanisation progressive*, en l'arrachant de mieux en mieux à la *dimension d'inertie* d'une histoire où ne cessent de se réifier et de s'aliéner (en tant que praxis individuelles simultanées mais séparées) les libertés mêmes dont elle est le produit.

Selon sa très constante manière d'utiliser tour à tour différents modes d'expression, Sartre n'a guère cessé, dans des préfaces ou des articles, sous forme théâtrale ou sous forme philosophique, de préciser et d'approfondir — surtout à partir de 1958 — cette conception de l'histoire dont l'origine se situe, comme on l'a vu, aux environs de 1954. On mentionnera tout particulièrement, à cet égrad : « Des rats et des hommes » (avant-propos pour *Le Traître*, d'André Gorz), en 1958 ; *Les Séquestrés d'Altona*, pièce écrite et jouée en 1959 ; « Paul Nizan » (avant-propos pour *Aden Arabie*), en 1960 ; la *Critique de la raison dialectique* (tome I), publiée la même année ; et l'article écrit sur Merleau-Ponty, après sa mort, en 1961 (mais qui est surtout éclairant pour la période antérieure à 1954, où Sartre n'accéda guère qu'à « l'Histoire » en tant que totalisation abstraite de l'histoire).

Exception faite pour le seul d'entre eux qui soit d'ordre proprement philosophique, ces textes nous proposent, de notre propre dimension historique, une description violemment contrastée, où un certain « optimisme » s'affirme toujours plus ou moins au travers du « pessimisme » le plus noir. Mais pour comprendre ce que fut alors la découverte de Sartre et saisir à sa racine même l'articulation entre ces deux attitudes apparemment incompatibles, peut-être suffira-t-il de relire, tour à tour, par exemple, ces trois passages tirés d'un même texte (et dont le premier relate une histoire de *science-fiction* par laquelle Sartre avoue avoir été « charmé ») :

— « *Des hommes débarquent sur Vénus ; à peine sortis de leur fusée, ces futurs colons font joyeusement la chasse aux indigènes de cet astre, leurs colonisés futurs qui, d'abord, ne se montrent pas. On imagine l'orgueil du roi de la nature, la*

griserie du triomphe et d'une nouvelle liberté. Tout s'effondre bientôt devant une évidence intolérable : les conquérants sont en cage, leurs déplacements sont prévus ; les chemins qu'ils inventent, quelqu'un les avait tracés pour eux. Invisibles, penchés sur la cage de verre, les Vénusiens soumettent ces mammifères supérieurs à des tests d'intelligence. Voilà, me semble-t-il, notre condition commune, à ceci près que nous sommes nos propres Vénusiens et nos propres cobayes. »

— « *Nous ne sommes plus tout à fait des bêtes, sans être tout à fait des hommes ; nous n'avons pas encore tourné à notre profit cette affreuse catastrophe qui s'est abattue sur quelques représentants du règne animal, la pensée : en un mot, nous resterons longtemps encore des mammifères sinistrés, c'est l'ère de la rage, des fétiches et des terreurs soudaines, l'universalité n'est qu'un rêve de mort au sein de la séparation et de la peur. Mais depuis quelques décennies, notre monde change : jusqu'au fond de la haine, la réciprocité se découvre ; ceux-là mêmes qui se plaisent à renchérir sur leurs différences, il faut qu'ils veuillent se masquer une identité fondamentale. Cette agitation si neuve, cette tentative modeste mais acharnée pour communiquer à travers l'incommunicable, ce n'est pas le désir fade et toujours un peu niais d'un universel inerte et déjà réalisé : c'est ce que j'appellerai plutôt le mouvement de l'universalisation. »*

— « *Le livre de Gorz nous concerne tous... Il est d'un bout à l'autre traversé par le mouvement qui nous anime, par le mouvement de notre époque... C'est le premier livre d'après la défaite ; les Vampires ont fait un carnage mémorable, ils ont écrasé l'espoir ; il faut reprendre souffle, faire le mort quelque temps et puis se lever, abandonner le charnier, recommencer tout, inventer un espoir neuf, tenter de vivre. Les grandes tueries du siècle ont fait de Gorz un cadavre ; il ressuscite en écrivant une Invitation à la vie. »*

Sans doute faut-il admettre ici que l' « Enfer » de *Huis-Clos* reflétait déjà, de façon plus ou moins consciente, la réalité propre de ce XXᵉ siècle — par-delà une « condition humaine » apparemment indépendante de l'histoire. Nous voici donc, nous autres, hommes de ce temps, de ce « *minuit* », de ce « *siècle de fer* », — « *faits d'avance* », refaits sans avoir pu entreprendre de nous faire, d'emblée « *occupés* », habités, hantés par les Autres, par « *les contradictions de l'histoire et les luttes sociales* » : devenus rats *(« rongeurs fous en proie aux Vampires »)*, mais rats truqués, « *possédés* »,

« *en proie à l'Homme* ». Entendons, bien sûr, qu'aucune époque antérieure n'a jamais fait peser à ce point, sur ceux qui avaient à la vivre, le poids du passé humain, la terrible inertie d'une histoire enfin « mondialisée » et dont les mécanismes essentiels sont désormais plus ou moins apparents : ce qui nous confère, en attendant mieux, le douteux privilège d'en être totalement atteints dès notre naissance et d'en devenir ensuite de plus en plus lucidement victimes. La totalisation est déjà faite, elle s'est opérée sans nous : parviendrons-nous à ressaisir l'initiative, à nous arracher ensemble à ce faux présent qui est « le nôtre » et dont l' « avenir » n'est que projection du passé, comme à cet humanisme abstrait où notre résignation se cherche en vain un alibi ?

Or la réponse de Sartre est claire : nous y parviendrons dans l'exacte mesure où le « *travail* » et le « *combat* » humains s'accompagneront d'une inlassable prise de conscience de la radicalité même de notre situation. Car « *nous sommes ainsi faits* », désormais, « *qu'il nous faut crever ou inventer l'homme* », — choisir l'*existence* ou sombrer dans l'Absurde. « *Notre espèce sera l'universel concret ou ne sera pas* » : aussi longtemps qu'il y aura des hommes (des *traîtres*, des *intellectuels*) pour rappeler à tous que nous en sommes là, l'humanité demeurera l'avenir de l'espèce.

Reste que le contenu de cette réponse dépend évidemment du contenu même de la question. Lequel, ici encore, demeure tout de même assez abstrait et ne se différencie guère, pratiquement, de cette dimension du passé dont *L'être et le néant* faisait déjà l'une des formes de l' « en-soi »[1]. Ainsi le passage décisif, le véritable saut dans la réalité historique, ne s'accomplira-t-il qu'un peu plus tard, lorsque Sartre en viendra enfin à situer l'inertie de l'histoire non plus au seul niveau de l'Autre en tant que Passé, altérité déjà morte, mais au niveau même de la *praxis* et de la *co-présence des autres*. Et sans doute faut-il en effet, si l'on veut que l'aliénation d'une époque donnée devienne plus

---

1. Il en va de même, d'ailleurs, de la description théâtrale que nous propose Sartre dans *Les Séquestrés d'Altona*. Résolument passéiste, fixé sur un passé atroce et s'opposant par avance un Futur inhumain, le rapport à l'histoire prend l'allure obsessionnelle de la Culpabilité, et celle-ci apparaît d'autant plus insurmontable que Franz, le séquestré volontaire, a d'emblée choisi de se soumettre lui-même à des formes de totalisation abstraites, qui s'opèrent toujours *ailleurs*.

ou moins surmontable pour ceux qui la subissent, qu'ils en soient eux-mêmes en quelque façon les auteurs : non seulement dans leur tête, bien entendu, mais jusque dans leurs actes. Or voici maintenant la rigoureuse position du problème, telle que Sartre la formule enfin dans la *Critique* :

« *Si l'on veut donner toute sa complexité à la pensée marxiste il faudrait dire que l'homme, en période d'exploitation, est* à la fois *le produit de son propre produit et un agent historique qui ne peut en aucun cas passer pour un produit. Cette contradiction n'est pas figée, il faut la saisir dans le mouvement même de la* praxis *; alors, elle éclairera la phrase d'Engels : les hommes font leur histoire sur la base de conditions réelles antérieures (au nombre desquelles il faut compter les caractères acquis, les déformations imposées par le mode de travail et de vie, l'aliénation, etc.) mais ce sont* eux *qui la font et non les conditions antérieures : autrement ils seraient les simples véhicules de forces inhumaines qui régiraient à travers eux le monde social. Certes, ces conditions existent et ce sont elles, elles seules, qui peuvent fournir une direction et une réalité matérielle aux changements qui se préparent ; mais le mouvement de la* praxis *humaine les dépasse en les conservant.*

» *Et certainement les hommes ne mesurent pas la portée réelle de ce qu'ils font — ou du moins cette portée doit leur échapper tant que le prolétariat, sujet de l'Histoire, n'aura pas dans un même mouvement réalisé son unité et pris conscience de son rôle historique. Mais si l'Histoire m'échappe cela ne vient pas de ce que je ne la fais pas : cela vient de ce que l'autre la fait aussi.*

» *Cela ne veut pas dire que l'entreprise* comme action réelle de l'homme sur l'histoire *n'existe pas, mais seulement que le résultat atteint* — même conforme à l'objectif qu'on se proposait — *est radicalement différent de ce qu'il paraît à l'échelle locale, quand on le replace dans le mouvement totalisateur... Il est vrai que les divisions brutales et leurs conséquences théoriques (pourrissement de l'idéologie bourgeoise, arrêt provisoire du marxisme) obligent notre époque à se faire sans se connaître mais, d'autre part, bien que nous subissions plus que jamais ses contraintes, il n'est pas vrai que l'Histoire nous apparaisse tout à fait comme une force étrangère. Elle se fait chaque jour par nos mains autre que nous ne croyons la faire et, par un retour de flamme, nous fait autres que nous ne croyions être ou devenir ; et pourtant, elle est moins opaque qu'elle n'a été : le prolétariat a découvert et livré « son secret » ;*

Stockholm 1967. Le Tribunal international réuni par Bertrand Russell.

Paris, 1961, place Maubert au cours d'une manifestation silencieuse
« contre le racisme ».

Rome, 1963.

Japon, 1966.

DEDIJER

le mouvement du capital est conscient de lui-même, à la fois par la connaissance que les capitalistes en prennent et par l'étude qu'en font les théoriciens du mouvement ouvrier. Pour chacun la multiplicité des groupes, leurs contradictions et leurs séparations apparaissent situées à l'intérieur d'unifications plus profondes. La guerre civile, la guerre coloniale et la guerre étrangère se manifestent à tous, sous la couverture ordinaire des mythologies, comme des formes différentes et complémentaires d'une même lutte de classe. Il est vrai que la plupart des pays socialistes ne se connaissent pas eux-mêmes ; et pourtant la déstalinisation — comme le montre l'exemple polonais — est aussi un progrès vers la prise de conscience. Ainsi la pluralité des sens de l'Histoire ne peut se découvrir et se poser pour soi que sur le fond d'une totalisation future, en fonction de celle-ci et en contradiction avec elle. Cette totalisation, c'est notre office théorique et pratique de la rendre chaque jour plus proche. Tout est encore obscur et, pourtant, tout est en pleine lumière : nous avons — pour nous en tenir à l'aspect théorique — les instruments, nous pouvons établir la méthode : notre tâche historique, au sein de ce monde polyvalent, c'est de rapprocher le moment où l'Histoire n'aura qu'un seul sens et où elle tendra à se dissoudre dans les hommes concrets qui la feront en commun.

« Le projet. Ainsi l'aliénation peut modifier les résultats de l'action mais non sa réalité profonde. Nous refusons de confondre l'homme aliéné avec une chose, et l'aliénation avec les lois physiques qui régissent les conditionnements d'extériorité. Nous affirmons la spécificité de l'acte humain, qui traverse le milieu social tout en conservant les déterminations et qui transforme le monde sur la base de conditions données. Pour nous, l'homme se caractérise avant tout par le dépassement d'une situation, par ce qu'il parvient à faire de ce qu'on a fait de lui, même s'il ne se reconnaît jamais dans son objectivation. Ce dépassement nous le trouvons à la racine de l'humain et d'abord dans le besoin... »

Si le pessimisme et l'optimisme consistent à s'attendre toujours au pire ou au meilleur, ils ne sont guère que les deux manifestations inverses d'une même *attitude de croyance*, dont il importe peu que la passivité revête, selon les cas, la forme de la peur ou celle de l'espoir. Ainsi l'attente de n'importe quel paradis futur a-t-elle toujours pour fonction (sociale) de favoriser parmi les hommes la résignation à quelque situation présente, en les séduisant à poser en termes de grâce ou de mérite personnel, c'est-à-dire *en termes mystiques,* des problèmes *d'ordre pratique,* dont la solution réelle exigerait une transformation progressive des structures sociales : si les morales correspondantes peuvent être dites *aliénées,* c'est parce qu'elles prétendent « édifier » l'homme sur la base même des aliénations de tous ordres qui font obstacle à sa propre exigence d'humanisation.

A ces morales aliénées, Sartre a d'emblée opposé *une exigence morale radicale,* qui fut d'abord celle de se faire exister selon lui-même et qui est finalement devenue celle de travailler à l'humanisation du monde. Il s'agissait de s'arracher seul au non-sens de sa propre contingence ; il s'agit désormais de contribuer, parmi les hommes, à la seule entreprise qui les concerne tous et qui est de se rendre responsables de leur histoire afin de l'arracher à son inertie « naturelle », — en parvenant de proche en proche à totaliser eux-mêmes, consciemment, leurs *praxis* respectives, au lieu d'en subir la *totalisation réifiée,* sous les espèces inhumaines du « *pratico-inerte* ».

Ainsi la morale sartrienne refusera-t-elle tout à la fois la vaine lucidité du *moralisme* (cynique proclamation de l' « impuissance » des hommes à surmonter leur « destin ») et la parfaite absurdité d'un *positivisme* toujours renaissant, selon lequel les hommes sont périodiquement invités — par d'autres hommes — à subordonner leur pouvoir de donner sens, leur existence consciente, à quelque « Réalité » dont ils ne seraient eux-mêmes que les manifestations « objectives ». C'est surtout sous cette seconde forme que s'est proposée à nous, depuis un quart de siècle, la mise entre parenthèses de toute exigence et de toute *praxis* humaines. Ainsi avons-nous eu affaire tantôt à une Histoire devenue si « matérialiste » que la Matière elle-même s'en trouvait dangereusement idéalisée, tantôt à un Langage indépendant de toute parole concrète, et se parlant tout seul à travers d'illusoires sujets, de sorte que les « structuralistes », qui soutenaient cette thèse, ne pouvaient eux-mêmes être tenus pour responsables de sa formulation... Contre ces nouvelles (et très anciennes) ruses de la réalité humaine pour nier son propre pouvoir de réalisation, c'est toute la pensée de Sartre qui ne cesse d'opposer *l'exigence même que nous sommes,* en nous incitant à dépasser sans relâche *le reniement que nous en sommes aussi.*

Repères biographiques

Jean-Paul Sartre est né à Paris le 21 juin 1905.

1907 : mort de son père.

Premières études au lycée Henri IV.

1916 : remariage de sa mère.

1917-19 : lycée de la Rochelle.

Juin 21 et juin 22 : baccalauréat 1re et 2e partie.

Juin 24 : reçu à l'École Normale.

1924-28 : École Normale.

1929 : agrégation.

Octobre 29 - janvier 31 : service militaire, dans la météo, à Tours.

Février 31 : nommé professeur de philosophie au Havre.

1931-32-33 : Le Havre.

1933-34 : pensionnaire de l'Institut Français à Berlin.

1934-35-36 : Le Havre.

1936-37 : Laon.

1937-38-39 : lycée Pasteur.

1939 : mobilisé (70e division), à Nancy, Brumath et Morsbronn.

21 juin 40 : fait prisonnier à Padoux (Lorraine) ; caserne des Gardes mobiles à Nancy ; puis dirigé sur Trêves, Stalag XII D.

1er avril 41 : « libéré » en se faisant passer pour civil.

1941 : lycée Pasteur.

1942-43-44 : professeur de khâgne au lycée Condorcet.

1945 : mis en congé illimité ; premier voyage aux États-Unis, comme journaliste.

1946 et la suite : Paris, — et nombreux voyages, en particulier aux États-Unis, en Afrique, Islande, Scandinavie, Russie, etc.

1964 : refuse le Prix Nobel de Littérature.

1965 : adopte Arlette El Kaïm.

1966 : accepte de faire partie du tribunal Russell.

1967 : se rend en Égypte, puis en Israël.

1968 *(mai)* : prend position contre la répression policière et participe, à la Sorbonne, à un débat avec les étudiants insurgés ; s'entretient avec Cohn-Bendit ; condamne *(août)* l'entrée des troupes soviétiques en Tchécoslovaquie.

1969 : mort de sa mère, Mme Mancy.

1970-1973 : en protestant contre l'exclusion de Soljenitsyne par l'Union des Écrivains soviétiques, puis contre la répression qui se poursuit à Prague, accentue sa rupture avec l'U.R.S.S. ; devient directeur de *la Cause du peuple* afin de protéger cet organe et ses rédacteurs contre les saisies et les arrestations dont ils étaient victimes ; participe à la fondation de « Secours Rouge » ; assume en outre la direction de *Tout* (tendance du groupe « Vive la révolution ») et celle de *Libération* (1er numéro le 22 mai 1973) ; c'est aussi en mai 1973 que Sartre est frappé d'une quasi-cécité, qui désormais l'empêchera d'écrire.

1974 : proteste contre les conditions de détention de « la bande à Baader » et visite Andréas Baader, en décembre, dans sa prison allemande.

1975 : échec du projet d'une série de dix émissions pour Antenne 2.

1976 : sortie du film *Sartre par lui-même*, d'Alexandre Astruc et Michel Contat.

1976 à 1979 : prises de position et protestations diverses.

Mars 1980 : intervention à l'Élysée, avec Raymond Aron, en faveur des réfugiés du Vietnam ; hospitalisation à Broussais, pour un œdème pulmonaire.

Jean-Paul Sartre est mort à Paris le 15 avril 1980.

Parmi les grands entretiens au cours desquels Sartre a pu s'exprimer à partir du moment où il est devenu presque aveugle, on retiendra tout particulièrement :

— avec Michel Contat, pour *le Nouvel Observateur* (23 juin, 30 juin et 7 juillet 1975) : « Ce que je suis ».

— avec Catherine Clément, pour *le Matin* (10 et 11 novembre 1979).

— avec Benny Lévy (Pierre Victor), pour *le Nouvel Observateur* (10, 17 et 24 mars 1980) : « L'espoir maintenant... »

▼ *Après une saisie de la « Cause du peuple »*
Sartre vend son journal dans la rue.

Devant le Palais de Justice ▶
le 19 juin 1971.

Bibliographie

1936 L'IMAGINATION : P.U.F.
1938 LA NAUSÉE : Gallimard/Blanche, Soleil et Folio.
1939 LE MUR : Gallimard/Blanche, Soleil et Folio.
     ESQUISSE D'UNE THÉORIE DES ÉMOTIONS : Hermann.
1940 L'IMAGINAIRE : Gallimard/Bibliothèque des Idées et Idées.
1943 LES MOUCHES : in *Théâtre I*, Gallimard/Blanche, Soleil et Folio.
     L'ÊTRE ET LE NÉANT : Gallimard/Bibliothèque des Idées.
1945 L'ÂGE DE RAISON *(Les Chemins de la liberté I)* : Gallimard/Blanche, Soleil et Folio.
     LE SURSIS *(Les Chemins de la liberté II)* : Gallimard/Blanche, Soleil et Folio.
     HUIS CLOS : in *Théâtre I*, Gallimard/Blanche, Soleil et Folio.
1946 L'EXISTENTIALISME EST UN HUMANISME : Nagel.
     MORTS SANS SÉPULTURE, in *Théâtre I* : Gallimard/Blanche, Soleil et Folio.
     LA PUTAIN RESPECTUEUSE, in *Théâtre I* : Gallimard/Blanche, Soleil et Folio.
     RÉFLEXIONS SUR LA QUESTION JUIVE : Gallimard/Idées.
1947 BAUDELAIRE : Gallimard/les Essais et Idées.
     LES JEUX SONT FAITS (scénario du film) : Nagel.
     SITUATIONS I : Gallimard/Blanche.
1948 L'ENGRENAGE : Nagel.
     LES MAINS SALES : Gallimard/Blanche, Soleil et Folio; Bordas.
     SITUATIONS II : Gallimard/Blanche.
1949 LA MORT DANS L'AME *(Les Chemins de la liberté III)*, Gallimard/Blanche, Soleil et Folio.
     ENTRETIENS SUR LA POLITIQUE (avec David Rousset et Gérard Rosenthal) : Gallimard/Blanche.
     SITUATIONS III : Gallimard/Blanche.
1951 LE DIABLE ET LE BON DIEU : Gallimard/Blanche, Soleil et Folio.
1952 SAINT GENET, COMÉDIEN ET MARTYR (tome I des *Œuvres complètes* de Jean Genet) : Gallimard/Blanche.
1953 L'AFFAIRE HENRI MARTIN : Gallimard.
1954 KEAN (adaptation de la pièce d'A. Dumas) : Gallimard/Blanche.
1956 NEKRASSOV : Gallimard/Blanche.
1960 LES SÉQUESTRÉS D'ALTONA : Gallimard/Blanche, Soleil et Folio.
     CRITIQUE DE LA RAISON DIALECTIQUE : Gallimard/Bibliothèque des Idées.
1963 LES MOTS : Gallimard/Blanche, Soleil et Folio.
     QU'EST-CE QUE LA LITTÉRATURE? Gallimard/Idées.
     SITUATIONS IV : Gallimard/Blanche.
     SITUATIONS V : Gallimard/Blanche.
     SITUATIONS VI : Gallimard/Blanche.
1965 SITUATIONS VII : Gallimard/Blanche.
1966 LES TROYENNES (adaptation de la pièce d'Euripide) : Gallimard/Blanche.
     LA TRANSCENDANCE DE L'ÉGO : Vrin.
     UNE VICTOIRE, précédé de *la Question* (par Henri Alleg) : Pauvert/Libertés.
1967 QUESTIONS DE MÉTHODE : Gallimard/Idées.
1969 LES COMMUNISTES ONT PEUR DE LA RÉVOLUTION : John Didier/Controverses.
1971 L'IDIOT DE LA FAMILLE, *Gustave Flaubert de 1821 à 1857*, tomes I et II : Gallimard/Bibliothèque de philosophie.
1972 PLAIDOYER POUR LES INTELLECTUELS (repris de *Situations VIII*) : Gallimard/Idées.

1972   SITUATIONS VIII : Gallimard/Blanche.
       SITUATIONS IX : Gallimard/Blanche.
1973   L'IDIOT DE LA FAMILLE, *Gustave Flaubert de 1821 à 1857*, tome III : Gallimard/
       Bibliothèque de philosophie.
1974   ON A RAISON DE SE RÉVOLTER, *discussions* (avec Philippe Gavi et Pierre Victor) :
       Gallimard/la France sauvage.

OUVRAGES CONSACRÉS A SARTRE

Pierre Naville, *Les Conditions de la liberté* (Éd. du Sagittaire, 1947).

Marc Beigbeder, *L'Homme Sartre* (Bordas, 1947).

Gérard Varet, *L'Ontologie de Sartre* (P.U.F., 1948).

Régis Jolivet, *Le Problème de la mort chez M. Heidegger et J.-P. Sartre* (Éd. de Fontenelle, 1950).

R. M. Albérès, *Jean-Paul Sartre* (Éd. Universitaires, 1953).

Francis Jeanson, *Le Problème moral de la pensée de Sartre* suivi de *Un quidam nommé Sartre* (Le Seuil, 1965).

Régis Jolivet, *Sartre ou la théologie de l'absurde* (Fayard, 1965).

Francis Jeanson, *Sartre* (coll. « Les écrivains devant Dieu », Desclée de Brouwer, 1966).

Colette Audry, *Sartre et la réalité humaine* (Seghers, 1966).

Suzanne Lilar, *A propos de Sartre et de l'amour* (Grasset, 1967).

Michel Contat et Michel Rybalka, *Les Écrits de Sartre* (Gallimard, 1970). Le lecteur se reportera utilement à cet ouvrage, où se trouvent recensés les innombrables articles ou interviews de Sartre qui n'ont pas été repris en volume.

Pierre Verstraeten, *Violence et Ethique, esquisse d'une critique de la morale dialectique à partir du théâtre politique de Sartre* (Gallimard, 1972).

Francis Jeanson, *Sartre dans sa vie* (Le Seuil, 1974).

A consulter :

Numéro spécial de *l'Arc*, automne 1966.

Numéro spécial (55-56) du *Magazine littéraire*, 1971.

Numéro spécial (18-19) d'*Obliques*, 1979.

Illustrations

Melloul/Gamma : p. 1 de cv. – Blum/Gamma : p. 186. – Simonpietri/Gamma : p. 187. – Magnum/Lessing : p. 154. – Magnum/Marc Riboud : p. 180. – Coll. Part. : pp. 2 et 3 de cv., 22, 25, 28, 78, 131, 138, 139, 143, 153, 160 (Studio Korda), 161 a, b, c, 181 c (Shinchoska Company), 2. – Archives Théâtre Antoine : pp. 6, 7. – Arsenal : p. 6. – Rapho : p. 181 c. – Keystone : pp. 34, 98. – Radio-Cinéma : pp. 37, 42. – Paris-Match : pp. 51, 54, 55, 57, 67, 85, 86, 88, 102, 107. – Bernand : pp. 94, 95, 166, 167. – Roger Roche : pp. 114, 115. – Télé-Photo : p. 120. – Bureau Soviétique d'Information : p. 121. – Gisèle Freund : pp. 148, 184. – Photo Pic : p. 176. – AFP : p. 181 a.

collections microcosme
ÉCRIVAINS DE TOUJOURS

LE TEMPS QUI COURT

collections microcosme
PETITE PLANÈTE

PETITE PLANÈTE / VILLES

LE RAYON DE LA SCIENCE

SOLFÈGES

collections microcosme
DICTIONNAIRES

MAITRES SPIRITUELS

ACHEVÉ D'IMPRIMER EN 1980 PAR L'IMPRIMERIE TARDY QUERCY S.A. - BOURGES
D. L. 2ᵉ trim. 1955. nº 682.19 (2222)